JN114491

[新版]

現代文化への社会学

A Sociological Perspective on the Contemporary Culture

90年代と「いま」を比較する

[編著] 高野光平・加島 卓・飯田 豊

[著] 林田　　新
　　　田中　里尚
　　　宮田りりぃ
　　　守　　如子
　　　光岡　寿郎
　　　永田　夏来
　　　池上　　賢

北樹出版

新版はじめに

　本書は、現代日本のさまざまな文化現象を社会学的に考えるための、文化社会学の入門書です。文化社会学にはいくつもの方法がありますが、本書では、「歴史比較」というひとつの方法に特化して議論していきます。

　過去の文化と現在の文化を比較して、共通点と相違点を浮かび上がらせながら、私たちの文化がどのようなプロセスを経て現在のかたちになったのか、その成り立ちをとらえていくのが本書のテーマです。現代文化にひそむ歴史の地層が見えるようになると、現代文化のことをより深く、より広い視野で理解できるようになります。

　歴史比較といっても、江戸時代や明治時代と比べるわけではありません。本書では、1990年代を中心とした近い過去を比較対象に定めました。これにはふたつの理由があります。

　第一に、90年代はインターネットのない最後の時代なので、ネット全盛の現在と比較するのにちょうどよい距離感だからです。90年代の文化と現在の文化の違いには、インターネットの影響がはっきりと表れていて、とても観察のしがいがあります。

　第二に、90年代は大学生の親世代が若者だった時代で、親子のコミュニケーションを通じて学べるからです。身近な当事者である家族や親戚、あるいは教員から、90年代の話を直接聞いてみてください。過去と現在の文化にどんな違いがあり、どんな共通点があるかがいきいきと見えてくるでしょう。

　ところで、ここでいう文化とは何でしょうか。文化とは、私たちの生活のなかにあるさまざまなモノやコト、それに対する私たちの行動、その背後にある考え方や価値観などのすべてを指していて、膨大な対象をふくむ概念です。そのままでは扱えないので、本書ではふたつの基準で対象を絞り込みました。

　まず、現代の大学生にとって身近な文化であること。そして、ここ数十年で大きな変化を遂げた文化であること。両方の基準を満たすものとして、モバイルメディア、テレビと動画、インターネット、カメラ、ファッション、LGBT、アート、スポーツ観戦、夏フェス、音楽、ゲーム、マンガ、書店、ショッピン

グ、外食の15テーマを選びました。

それぞれのテーマには固有の過去があり、固有の現在がありますが、同じ時代の同じ国の文化ですから、共通点もたくさん含まれています。章と章の横のつながりを意識しながら、じっくりとすべての章を読破してください。

本書は2018年に初版を刊行し、2023年に古くなった内容を一部改訂してこの新版をつくりました。初版を読んだ学生たちからたくさんの感想をもらいましたが、とくに多かったのは、本書をきっかけに親や教員から昔の話がきけて面白かったという感想です。さきほど述べたように、これは90年代を比較対象に選んだ意図でもありました。

異なる世界を生きる他者から学ぶ。これは文化社会学の基本です。本書をつうじて、世代を超えたコミュニケーションに挑戦してほしいと願っています。レトロカルチャーに興味のある人なら、そこから自分の趣味の世界も広がっていくでしょう。本書をきっかけに90年代の音楽にハマった人もいました。

各章の最後には「取り組んでみよう」と題した課題がふたつついています。ひとつは過去の文化に関して、もうひとつは現在の文化に関して調べたり考えたりする課題です。また、課題のあとに2冊の「ブックガイド」をつけてあります。その章の内容に興味をもち、学びを深めたい人におすすめの本を載せました。こちらも参考にしてください。

文化というものは、表面的には変わっていなくても、時代に応じてその意味を変えるものです。コロナ禍で急激に普及したオンライン授業やオンラインライブによって、従来の対面授業や対面ライブの意味や価値は変わりました。個々の文化現象を単独で見るのではなく、その時代の社会状況や技術環境といった広い文脈のなかでとらえていくことが大切です。

それが、社会学的に文化を考えるということです。本書は、その感覚をつかむために豊富な事例を扱っています。現在の文化がなぜこうであるのか、私たち自身を理解するための力を、歴史から学んでいきましょう。

高野　光平

目　　次

第1章　モバイルメディア：公衆電話が架橋した〈声の文化〉と〈文字の文化〉……12

　1.　「つながりっぱなしの日常」をとらえなおす ………………… 12

　2.　公衆電話に媒介された〈声の文化〉：「用件電話」から「おしゃべり電話」へ… 13

　3.　公衆電話に媒介された〈文字の文化〉：ポケベルからケータイへ… 16
　　（1）ポケベルと公衆電話（16）　（2）テレホンカードの活躍（18）
　　（3）ポケベルからケータイへ（19）

　4.　「つながり」のメディア史 ……………………………………… 21

第2章　テレビと動画：インターネットがテレビを乗り越えるまで …………24

　1.　「テレビ対インターネット」という構図 ……………………… 24
　　（1）若者のテレビ離れ（24）　（2）「対テレビ」がインターネット文
　　化の基礎をつくった（25）

　2.　愛と敵意：初期のインターネットとテレビの関係 ……………… 26
　　（1）「映像にツッコむ」作法の起源（26）　（2）「感動」と闘争するネ
　　ット住民たち（28）

　3.　新しい動画文化の成立：「対テレビ」を超えて ……………… 29
　　（1）ニコニコ動画とYouTube（29）　（2）テレビとネット動画との新
　　しい関係性とは（30）

　4.　あいまいになるテレビとインターネット …………………… 31

第3章　インターネット：大学生文化としてのWeb1.0 ………………34

　1.　インターネットが新しかった頃 ……………………………… 34

　2.　Web1.0の時代：新しい「メディア」としてのインターネット ……… 36
　　（1）それは大学からはじまった（36）　（2）雑誌からインターネット
　　へ（38）

　3.　Web2.0の胎動：「メディア」から「プラットフォーム」へ ………… 40
　　（1）ウェブ日記とランキングサイト（40）　（2）レンタル日記サービ
　　スからブログへ（42）　（3）インターネットの中年化（43）

　4.　インターネットの閉塞感をこえて …………………………… 44

第4章　カメラ：小型化するカメラ、端末化するカメラ ……………………47

　　1．スマートフォンとカメラ…………………………………………… 47

　　2．小型化・自動化するカメラ：1990年代までのカメラの発展……… 49

　　3．融合するカメラ：2000年代以降のカメラ………………………… 52

　　4．スペクタル化する世界 …………………………………………… 54

第5章　ファッション：独自性の主張から共感的な同調へ ………………57

　　1．ファッション業界の再編成とファッション現象の不可視化… 57
　　　（1）技術革新とファッション業界の変化（57）（2）不可視化する若
　　　者のファッション現象（58）

　　2．類似の中の独自性を目指す「90年代ファッション」………… 60
　　　（1）ファッションの混沌の舞台としての渋谷（60）（2）個性が共演
　　　する舞台としての原宿（62）

　　3．独自性志向から共感的同調へ………………………………… 65
　　　（1）独自性志向と標準化（65）（2）同調することで共感を示すとい
　　　う感性の「新しさ」（66）

　　4．ファッションをどうとらえるか？ ………………………… 67

第6章　LGBT：可視化する性的マイノリティ ……………………………71

　　1．LGBTブーム？ ………………………………………………… 71

　　2．可視化される性的マイノリティ …………………………… 72

　　3．トランスジェンダーをめぐる変化 ………………………… 75
　　　（1）性同一性障害概念のインパクト（75）（2）当事者たちが置かれ
　　　た状況の変化（76）

　　4．SOGIとは何か………………………………………………… 77

第7章　アート：美術館から日常へ ………………………………………80

　　1．日常化するアート ……………………………………………… 80
　　　（1）街でアートと出会う（80）（2）SNSでアートをながめる（82）

　　2．「アートを見ること」の舞台裏……………………………… 83
　　　（1）企業というパトロン：美術館からイベントへ（83）（2）社会的
　　　コストとしてのアート（84）

　3　国際芸術祭というレンズ ································· *86*

　4　新たな日常化のフェイズを見すえて ················· *88*

第8章　スポーツ観戦：グローバル化・ローカル化・物語化 ··············*91*

　1　スポーツ観戦の歴史的な変化··············· *91*

　2　グローバル・ローカル・感動：1990年代のスポーツ ··············· *92*

　　(1)グローバル化：メジャーリーグとヨーロッパサッカー (*92*)

　　(2)ローカル化：Jリーグ発足とプロ野球再編 (*94*)　(3)物語化：

　　「感動をありがとう」と「キャラづけ」(*96*)

　3　個性・現場・インターネット：現在のスポーツ文化··············· *97*

　　(1)「選手の個性」と「現場主義」が生み出した新しい流れ (*97*)

　　(2)インターネットの発達とスポーツ観戦 (*98*)

　4　変わりゆくスポーツの面白さ··············· *99*

第9章　夏フェス：コモディティ化とコミュニティ化 ················*101*

　1　パンデミックと「夏フェス」 ················*101*

　2　ネットを介してテキストでつながる時代 ················*103*

　　(1)ネット黎明期と重なる「夏フェス」黎明期 (*103*)　(2)テキス

　　トで交流し、現地で対面する (*105*)

　3　レジャーとしての「夏フェス」とリピーター ················*106*

　　(1)共有体験の増大と没個性化 (*106*)　(2)リピーターの「故郷＝

　　ホーム」としてのフジロック (*107*)

　4　コモディティ化とコミュニティ化 ················*108*

第10章　音楽：CDを売る時代から体験を売る時代へ ················*111*

　1　インターネット時代の音楽文化 ················*111*

　　(1)CDが売れなくなって (*111*)　(2)音楽ビジネスの収益構造の変

　　化 (*112*)

　2　メガヒットの1990年代 ················*113*

　　(1)音楽文化は時代によって変わる (*113*)　(2)メガヒットの状況

　　(*114*)　(3)メガヒットの背景と終焉 (*115*)

　3　ネット以前／以後の連続と断絶 ················*116*

　　(1)1990年代と現在のさまざまな連続性 (*116*)　(2)1990年代と

現在の断絶：「音楽に詳しいこと」の意味の変化 (118)

　4. 音楽文化における「体験」の価値 ……………………… 119

第11章　ゲーム：「バーチャル」から「日常」へ ……………… 122

　1. コンピュータゲームと社会 ………………………………… 122
　　（1）ゲームの伝統と新しさ (122)　（2）大きく変化した「ゲームの
　　社会性」(123)

　2. バーチャルへの恐怖と期待：1990年代のゲーム ………… 124
　　（1）1980年代までのゲーム有害論 (124)　（2）バーチャルの弊害
　　(125)　（3）プリクラ・たまごっち・ポケモンの可能性 (126)

　3. ゲーム的な日常のなかで ………………………………… 128
　　（1）生活がゲーム化した現在 (128)　（2）専用機からスマホへ (129)

　4. ゲーム文化のひろがり ……………………………………… 130

第12章　マンガ：媒体の変化と作品の多様化 …………………… 133

　1. 気楽／気軽に楽しめるマンガ …………………………… 133
　　日常生活にあふれるマンガとインターネットの関係性 (133)

　2. マンガの1990年代：社会集団としての読者 …………… 134
　　（1）戦後マンガ史 (134)　（2）1990年代のマンガ (135)
　　（3）1990年代の変化 (136)

　3. マンガの変化を考える：より自由なアクセスへ ………… 137
　　（1）媒体の変化・作品数の増加・語る場の拡大 (137)　（2）社会集
　　団としての消費から、個人としての消費へ (139)

　4. マンガの変化における断絶と連続 ……………………… 140

第13章　書店：邪道書店の平成史 ………………………………… 144

　1. 現在の風景 ………………………………………………… 144

　2. 書店の本道 ………………………………………………… 145

　3. 邪道書店の1990年代 …………………………………… 146
　　（1）コンビニ (146)　（2）ブックオフ (147)　（3）ジュンク堂 (148)
　　（4）ヴィレッジヴァンガード (149)

　4. TSUTAYAと個性派書店の現在 ………………………… 150

第14章　ショッピング：商業施設が媒介する文化の変容 ……………………155

　1.　百貨店からショッピングモールへ？ ………………………………155

　2.　ファッションビルが尖っていた時代 ………………………………156

　　（1）百貨店とショッピングセンターの効率主義（156）　（2）ファッションビルの文化戦略（158）

　3.　ジャンルの融解 ………………………………………………………162

　　（1）「高感度」から「ほどほど感覚」へ：1990年代以降の丸井（162）（2）効率化するファッションビル（164）

　4.　二項対立をずらしてみる ……………………………………………165

第15章　外食：セルフサービスの空間と時間 ………………………………169

　1.　現在の風景 ……………………………………………………………169

　2.　外食産業の歴史 ………………………………………………………170

　3.　空間と時間のサービス ………………………………………………172

　　（1）ファミリーレストランという空間（172）　（2）ファミリーレストランにおける時間（174）

　4.　セルフサービスと社会学 ……………………………………………176

　索　　引 ………………………………………………………………………179

[新版]

現代文化への社会学

A Sociological Perspective on the Contemporary Culture

90年代と「いま」を比較する

モバイルメディア 1

公衆電話が架橋した〈声の文化〉と〈文字の文化〉

1. 「つながりっぱなしの日常」をとらえなおす

　「電話が苦手」な若者が増えている、という話題に接することがある。その理由としてあげられるのは無論、いわゆるソーシャルメディアの普及である。多くの新入社員にとって、電話応対が最初の関門になっているという指摘もある（『読売新聞』2017年4月11日東京朝刊）。

　『AERA』2017年10月30日号には、21歳の女子大学生の意見が次のように紹介されている。「声しか情報がないので、相手が何を考えているかわからない。1対1だから自分が答えないとというプレッシャーもある。電話はお店の予約をするときくらいで、使う機会がほとんどない。どう話していいかわからない、と嫌がる友人も多いです」。

　その反面、同じ記事のなかでは、ソーシャルメディアを介した文字のやりとりに対して、相手がどのように感じるかということに気を遣い、無難な会話で取り繕うことを「気持ち悪い」と感じたり、あるいは日々押し寄せる通知に辟易したりしている学生たちの声も紹介されている。多くの若者が、「リアルな」人間関係にこそ価値があることを肌身ではわかっていて、「つながることの可能性と強さ」を知っているという。

　新型コロナウイルスの感染拡大を通じて、このような認識はますます強まったに違いない。同じ頃、音声SNSも一時的に流行したが、文字のコミュニケーションを凌駕することはなかった。

　インターネットや携帯電話（ケータイ）が普及しはじめた頃から、「つながり」に焦点を当てた社会学的な議論が高まり、若者のコミュニケーション欲求の背後にあるのは、何か具体的なメッセージを伝えようとする「意味伝達指向」ではなく、つながりやふれあい自体を目的とする「接続指向」であると指摘され

てきた（北田 2002→2011；土井 2008）。ケータイは肌身離さず持ち歩く道具であるため、メッセージが自分の身体に直接的に届けられるような、親密的な感覚がもたらされる。そしてその後、モバイルメディアの技術革新と相まって、接続指向のソーシャルメディアが隆盛を遂げた結果、私たちは否応なく、「つながりっぱなしの日常」（ボイド 2014）を生きている。2010年代後半には、声や文字でコミュニケーションをとらなくても、友人の居場所が地図上に表示される位置情報（GPS）共有アプリも流行した。究極の接続指向といえよう。

　もっとも、このような「つながり」の嗜癖自体は、はたしてどこまで今日的な現象といえるだろうか。たとえば、『日経産業新聞』1990年12月28日号には、「若者は3日に1回平均31分、電話で晴らす深夜の寂しさ」という記事が掲載されている。これによれば、「24時間都市で活動する若者には深夜にベルを鳴らすことへの抵抗感が薄らいでいる」として、多くの若者が暇つぶしのために、深夜に電話を活用するようになったという。暗い室内で電話機を使用することを想定し、ボタンが光る機種が主流になってきたのもこの時期のことらしい。

　それから約30年のあいだに、電話に対する意識がすっかり逆転している反面、接続指向のコミュニケーションという特徴はまったく変わっていないように思われる。そこで本章では、いまでこそ多くの若者が苦手意識を抱いているという電話が、モバイルメディアに先立って培ってきた「つながり」の文化をとらえ返してみる。そのための足掛かりとして、戦後日本で定着してきた電話文化（≒〈声の文化〉）と、携帯電話からスマートフォンにいたるモバイルメディアの現代文化（≒〈文字の文化〉）とを架橋するうえで、1990年代に公衆電話がきわめて重要な役割を担っていたことに注目したい。

■■■ 2. 公衆電話に媒介された〈声の文化〉：「用件電話」から「おしゃべり電話」へ

携帯もパソコンもない恋をして　手紙に書いたあなたへの想い
こっそり電話したいんだけれど　どうかお父さん出ませんように

ポケベルの12文字　想いを寄せた　公衆電話に列を作り
時代はすぐさまメールの日々だ　＃2回を押す暇もない

ロックバンド「アンダーグラフ」が2015年に発表した「1977年生まれの僕らは」という楽曲の歌詞の一節である。ここには1990年代を通じた通信メディア環境の変化——〈声の文化〉から〈文字の文化〉へ——が凝縮されている。

　そもそも、災害時でもないのに「公衆電話に列を作」る光景というのは、1990年代以降に生まれた世代には想像しにくいかもしれない。それどころか、公衆電話の使い方がわからない、あるいはテレホンカード（テレカ）の存在を知らないという若者が増えているともいわれている。たしかに公衆電話はいまでは、ケータイやスマートフォンを持たない高齢者のためのメディアという印象が強い。そして、テレホンカードは交通系ICカードのようにチャージ（入金）できず、繰り返し使うこともできないので、非合理的に思われても仕方がない。

　日本の電話事業が創業した1890（明治23）年、東京と横浜の電信局内に公衆電話室が設置されたのが、公衆電話のはじまりとされる。街頭に電話ボックスがはじめて設置されたのは1900（明治33）年、商店などに取り扱いを委託された公衆電話が登場するのは1951（昭和26）年のことである。家庭に電話機が普及する1960年代まではその代用品として、また、営業などで外回りをする会社員にとっても欠かせない道具として、1980年代なかばまで設置台数は右肩上がりだったが、1985年３月の約93万台をピークとして減少に転じている。この年、日本電信電話公社（以下、電電公社）が民営化されてNTTが誕生した結果、設置コストに見合わない公衆電話が相次いで撤去されていった。そして2023年３月には約12.2万台にまで減少している（総務省『令和５年版　情報通信白書』）。

　公衆電話は、日本の戦後復興と高度経済成長を大きく下支えしたが、時間が貴重なものだった時代だからこそ、必要な時にしか使ってはいけないという考え方が根強かった。たとえば、評論家の大宅壮一は1968年、「長話は一種の公害みたいなもん」で「聞いているとじつにつまらんことを話している」と苦言を呈している（大宅・米澤 1968：3）。当時は10円で何分でも通話することができたのだが、電電公社は翌年10月、公衆電話の市内通話を３分で打ち切る制度をはじめた。もっとも、この制度は1972年６月には廃止され、通話時間に応じて課金される現行の「時分制」が導入された。

　NTTが誕生した1985年以降、家庭用としても業務用としても、さまざまな機能やデザインの電話機が登場する。だが、回線はたいてい家庭にひとつしか

ないので、若者たちは家族に長電話をとがめられると、外に飛び出して公衆電話に向かった。NTT が1989年度に実施した調査によれば、中学生・高校生の専用電話機保有率は2.5％に過ぎないのに対して、欲求率は56.3％（全世代平均は19.6％）に達している（NTT サービス開発本部編 1991：20）。自分専用の電話回線も若年層を中心に欲求度が高かった。また、「家族に聞かれたくないときは公衆電話でかけることがよくある」という回答は、中高生が7.6％でもっとも高く、男子大学生が7.1％、独身 OL が5.3％、女子大学生が3.4％と続いており、「若者を中心にプライバシー意識が高まっている」と分析されている（同：48）。

　1990年代に入ってから、家庭ではいわゆる「部屋電」が次第に一般的になり、子機付きのコードレス電話などが人気を集めていく。今では当たり前のことだが、居間や玄関などに置かれた電話機の前で通話をしなくて済むようになり、家族に話の内容を聞かれないというプライバシーが保障されるようになった。こうしてはじめて「こっそり電話」することが可能になったのである。事前に連絡を取りあい、電話機の前で着信を待ち構えてもらっていれば、「どうかお父さん出ませんように」と心配することはない。

　1992年に出版された電話研究の古典『メディアとしての電話』のなかで、社会学者の若林幹夫は、電話が人びとの生活に深く浸透した結果、それまで「用件電話」によって周辺化されてきた「おしゃべり電話」としての使用法が、次第にその領域を広げていることを論じている。無論、約束や確認などの特定の用事を済ませるために掛けられる「用件電話」と、そうした用事なくして他者との会話を楽しむ「おしゃべり電話」は、日常的な電話利用のなかで渾然一体となっていて、明確に区別できるものではない。だが、電話が高価で貴重なメディアだった普及過程においては、いつでも、誰でも、どこでも掛けられなかったからこそ、「用件電話」こそが電話の「本来の用法」として位置づけられた反面、「おしゃべり電話」は禁忌の対象とされてきた。当時、多くの若者が「おしゃべり電話」としての長電話を経験しており、「良識ある大人」からの批判を受けることで、電話の使用法の規範をめぐる世代間の差異（ジェネレーション・ギャップ）を認識していたり、自虐的に「電話中毒」というほどの罪悪感を抱いたりしていた（吉見・若林・水越 1992：44-53）。

　また、1986年にはじまった「伝言ダイヤル」（センターに電話を掛け、連絡番号と

暗証番号をダイヤルすることで、メッセージの録音や再生ができる）、1989年にはじまった「ダイヤルQ2」（情報提供者が有料で情報を提供し、NTTが情報料の回収を代行するサービス）を利用した「パーティーライン」（3名以上で会話）や「ツーショット」（2名で会話）など、匿名性を保障してくれる電話サービスが、いわゆる「出会い系」の先駆けとして社会問題化するのも1990年前後のことである。社会学者の富田英典は1995年、本来は相容れないはずの「親密性」と「匿名性」とが融合した人間関係に着目し、メディアのうえだけで親しくする他者のことを「インティメイト・ストレンジャー」と名づけた（富田 2009）。それは、ごく自然に親しげに会話をし、どれだけ親密になったとしても、いつでもリセットできる人間関係でもある。こうした電話風俗も「おしゃべり電話」の延長線上に位置づけられ、一部のサービスには公衆電話がよく利用されていた。こうして1980年代における通信技術の革新が、接続指向の「つながり」を喚起していったのである。

　しかし1990年代から現在まで、公衆電話の撤去が著しく進んでいる。その原因はいうまでもなく、携帯電話をはじめとするモバイルメディアの普及に他ならない。商業施設の内部に設置されていた公衆電話が撤去され、いまは台座だけが残っているという光景も珍しくない。設置台数の面では1980年代に全盛期を迎え、それ以降は社会から退潮していっただけのように思われるかもしれないが、実はそうではない。次節で述べるように、公衆電話は1990年代なかば、若者たちのあいだで"再ブレイク"を果たしていたのである。

3. 公衆電話に媒介された〈文字の文化〉：ポケベルからケータイへ

（1）ポケベルと公衆電話

　電電公社が世界に先駆けて民間用の自動車電話を実用化したのが1979年。その延長線上に開発され、NTTが1985年にレンタルを開始したのが「ショルダーホン」である（図1）。肩から下げて持ち運ぶ独特のデザインは、いまではバブル景気を懐かしむ象徴的なアイテムとして取り上げられることも多い。そして1987年には、その名も「携帯電話」という、片手で持つことができる端末が登場する（図2）。

また、1980年代から1990年代なかばにかけて人気を集めていたのが、「ポケットベル」というNTTドコモグループの登録商標、あるいは「ポケベル」という略称で広く知られる、無線呼び出しサービスである。当初は外回りの会社員たちが携帯し、会社と連絡を取るための道具として普及した。外出時にポケベルが鳴ると、近くの公衆電話を探し、会社に電話を掛ける。呼び出し音が鳴るだけの端

図1　ショルダーホン100型（写真提供：NTTドコモ）

末は、現在ではショッピングモールのフードコートや病院の待合室などで活用されているが、特定の相手からの呼び出しにしか対応できない。

それに対して、1987年には画面上に数字を表示できる端末が発売された。連絡を入れてほしい電話番号を相手の画面に表示できるので、複数からの呼び出しに対応できるようになった。仲の良い友だち同士で気軽に連絡を取りあうこともできるようになり、ポケベルはこの頃から若者たちに活用されていく。

図2　携帯電話 TZ-802型（写真提供：NTTドコモ）

NTTにとっては当初、想定外の展開だった。若者たちはたいてい、電話番号を表示させるのではなく、「0840（おはよう）」や「14106（あいしてる）」、「428（しぶや）88951（はやくこい）」といった語呂合わせで、メッセージを伝えあっていた。その人気は、大学生はいうまでもなく、高校生にまで波及した。

1990年代なかばには、数字だけでなく文字（カタカナ）を表示できる端末が普及した。電話機から入力する2桁の数字が、カタカナやアルファベット1文字に対応していて、最後に＃2回を押すとメッセージの送信が完了する。12文字まで受信できる端末が広く普及し、利用者の多くは、財布や手帳のなかに「変換早見表」を入れて持ち歩いていた（図3）。

多くの若者たちはこうして、特に用件がなくても、友だちと文字メッセージ

★超便利! 暗号入力カード

☆暗号入力早見表☆　　　　超便利ポケベルブックPART2

ア	イ	ウ	エ	オ	カ	キ	ク	ケ	コ	サ	シ	ス	セ	ソ
1	1	1(U)	8(3)	9	(9)	9	9	9(5)	3	4	3	3	3	
タ	チ	ツ	テ	ト	ナ	ニ	ヌ	ネ	ノ	ハ	ヒ	フ	ヘ	ホ
10	21	2	10	10	7	2	7U	2	-(0)	8	1	2	8	4
マ	ミ	ム	メ	モ	ヤ		ユ		ヨ	ラ	リ	ル	レ	ロ
0	3	6	3(M)	3(M)	8		U		4	6	61	6	0	6
ワ	ヲ	ン			ガ	ギ	グ	ゲ	ゴ	ザ	ジ	ズ	ゼ	ゾ
0	0	0			9(91)	9(91)	9(G)	9(91)	5	4	3	3	3	3
ダ	ヂ	ヅ	デ	ド	バ	ビ	ブ	ベ	ボ	パ	ピ	プ	ペ	ポ
10	21	2	10(D)	10	8	1(B)	2(B)	8(2)	4	8(P)	1(P)	2(P)	8(P)	4(P0)

☆NTT DoCoMoカナ変換一覧表☆　　　　超便利ポケベルブックPART2

		2桁目									
		1	2	3	4	5	6	7	8	9	0
1桁目	1	ア	イ	ウ	エ	オ	A	B	C	D	1
	2	カ	キ	ク	ケ	コ	E	F	G	H	2
	3	サ	シ	ス	セ	ソ	I	J	K	L	3
	4	タ	チ	ツ	テ	ト	M	N	O	P	4
	5	ナ	ニ	ヌ	ネ	ノ	Q	R	S	T	5
	6	ハ	ヒ	フ	ヘ	ホ	U	V	W	X	6
	7	マ	ミ	ム	メ	モ	Y	Z	?	!	7
	8	ヤ	(	ユ	)	ヨ	＃	＊	♥	♪	8
	9	ラ	リ	ル	レ	ロ	↓	↑	⌚	♂	9
	0	ワ	ヲ	ン	゛	゜	ー	&	SP		0

例「イマカラ　アソボウ」と送りたい時は、12(イ)71(マ)21(カ)91(ラ)30(SP)11(ア)(ソ)65(ホ)04( )13(ウ)＝「12712191091135650413」と入力。#を2回押す。

※機種によって入力最大文字数が異なる場合もあるので要確認！

図3　ポケベルの変換早見表（『超便利ポケベルブックPART 2』勁文社、1995年）

の交換を常時おこなうようになる。また、適当なポケベル番号に「友だちになろう」とメッセージを送り続け、友人関係や恋愛関係をつくる「ベル友」という新しい人間関係も生まれた。第2節で述べた「インティメイト・ストレンジャー」の新しい形態である。

　こうして公衆電話は一躍、いつでもどこでも互いに連絡を取りあうことができるメディアとして、若者たちに身近な存在になった。それゆえ1990年代末まで、若者たちが公衆電話に並ぶ行列を目にすることも珍しくなかったのである。

（2）テレホンカードの活躍

　1990年代、公衆電話を日常的に利用するために欠かせなかった道具が、テレホンカードである。カード式公衆電話は1982年に登場した。同時に発売された磁気式テレホンカードは、いわゆるプリペイドカードの先駆けのひとつだが、これが公衆電話の利用感覚を大きく変えた。公衆電話といえば従来、10円硬貨の落ちる音が時間を刻み、用件をなるべく短く伝えるものという感覚が強かったが、テレホンカードが生まれたことで、それほど時間を意識することなく話せるようになったのである（勝屋 1990：189）。

　1990年代なかば、携帯電話の爆発的普及が話題を集めていた一方、変造テレホンカードの流通が大きな社会的問題になっていた。磁気式のテレホンカードは、偽造や変造——使用済のカードを用いた度数の改竄——がしやすい。渋谷センター街や上野アメ横など、都市部の路上では1990年代末まで違法に販売されていた。

そこで1999年３月、従来のテレホンカードに比べて偽造や変造が難しいIC
カード専用の公衆電話が登場した。PC をインターネットに接続することもでき、
音声通話にとどまらないマルチメディア化を志向していたが、すでに携帯電話
が市場を拡大しているなかで知名度や利用度は低迷し、赤字が累積していった
（2006年にサービス中止）。JR 東日本が、従来の磁気式プリペイドカード（オレンジ
カード）とは異なる、IC カードシステム（Suica）をはじめて導入したのは2001
年のことなので、それよりも早い試みだったことになる。

（3）ポケベルからケータイへ

　携帯電話の通信事業者は1996年、各社の端末同士で文字メッセージの交換が
できる SMS（Short Message Service）を相次いで開始する。翌年以降、インター
ネット経由で電子メールの交換ができる端末も登場し、通信事業者が互いに異
なる端末同士、あるいはパソコンともメッセージの交換ができるようになった。
1995年には通話料金が安い PHS（Personal Handyphone System）が発売されてい
たが（2023年にサービス終了）、それでも携帯電話のほうが若者に選択されたのは、
ポケベル感覚で SMS やメールが利用できたためである。こうして携帯電話は、
通話のためだけの道具ではなくなり、次第に「ケータイ」と呼ばれるようにな
る。電話の便利さとは異なる、文字に媒介されたコミュニケーションの魅力に
後押しされ、1990年代なかば以降、ケータイは急速に普及した。高額な通話料
金、公共空間での通話が忌避されることも、メッセージ交換の利用を促す要因
となった。パソコンからのインターネット利用が伸び悩んでいたのに比べて、
ケータイからのインターネット利用は、文字コミュニケーションを駆使する若
年層が先導するかたちで拡大していった。
　そのプラットフォームは電子メールから、Twitter や LINE などのソーシャ
ルメディアに移り変わり、現在にいたっている。ただし、ケータイやスマート
フォンで誰でも手軽に写真や動画を撮影できるようになり（→第４章）、2010年
代以降は Instagram や TikTok の流行に牽引されるかたちで、ソーシャルメ
ディアの重心がいくぶん、文字コミュニケーションからビジュアルコミュニケ
ーションに移行していることはいうまでもない。
　ポケベルからケータイへの移行段階においては、いわゆる「エクストリーム・

ユーザ（極端な利用者）」である、女子高校生を中心とする若年層の利用の仕方をふまえて、通信事業者が端末やサービスに若者文化の特性を取り入れていったことが、1990年代後半から指摘されている（富田ほか 1997）。たとえば、若年層の文字コミュニケーションに支えられた「ベル友」から「メル友」への移行は、ポケベルやケータイというメディアが、技術的な産物であると同時に、社会的な構成物であることを示す事例として、よく引きあいに出される。端末をカスタマイズする習慣が生まれたのもポケベルの流行期で、自分で絵や文字を書き加えたり、シールやプリクラを貼ったりして楽しまれるようになった。こうした若者の利用を念頭に、カラフルでかわいい形状の端末も発売された。利用者によるカスタマイズ文化はやがて、携帯電話のストラップや端末のペイント、着信メロディや待ち受け画面の流行につながっていった（岡田・松田編 2012）。

　〈声の文化〉から〈文字の文化〉へ——。ポケベルからケータイ、そしてスマートフォンへの移行は、若年層による文字コミュニケーションの隆盛を主軸に説明できることは間違いない。だがここで、1990年代末の一時期、音声コミュニケーションは公衆電話、文字コミュニケーションは携帯電話といった使い分けをおこなう利用者が多かったことにも触れておきたい。

　NTT の公衆電話営業部が1997年7月に実施した「公衆電話に関する市場調査」によれば、携帯電話やPHS などの保有率は、「ほぼ毎日公衆電話を利用する人」が42.0％でもっとも高く、「ほとんど公衆電話を利用しない人」は38.3％にとどまっている。つまり、もともと公衆電話の利用頻度が高い人が携帯電話などを保有したとみられ、携帯電話などを持っているといっても、すべての通話をそれで済ませていたわけではなく、約半数の人は公衆電話と使い分けていた。電波が圏外の場所がいまよりも多かったことが最大の理由だが、「空いた公衆電話があれば」あるいは「携帯電話などの請求が気になるとき」には公衆電話を利用する、という回答も多く見られる。携帯電話などを保有している人に「公衆電話の良い点」について尋ねた結果は、「通話料金が負担にならない」という回答が55.3％でもっとも多く、次いで「どのような場所でも確実に利用できる」という回答が44.1％となっている（公衆電話営業部 1998）。

　通信事業者はこの頃、公衆電話を併用することを前提にした着信専用の端末、

あるいは基本使用料が安い代わりに通話料が割高な料金プランなどを展開し、携帯電話の普及を推し進めていった。言い換えれば、公衆電話が遍在しているという状況こそが、携帯電話の端末を普及させる後押しになったのである。

■■■ 4. 「つながり」のメディア史

こうして情報技術の革新は、インターネットやモバイルメディアが個人の私的空間に恩恵をもたらすよりも前に、公的空間のなかで人びとの行動に影響を及ぼし、接続指向の「つながり」を喚起していった。

しかし現在、いうまでもなく「つながり」とは、排除の論理と表裏一体である。社会学者の土井隆義が「友だち地獄」と呼んだように、濃密なコミュニケーションに対する嗜癖は、それを得ることから生まれる快楽よりも、それを失うことに対する不安のほうが強くなりかねない（土井 2008）。かつてケータイのメールで「つながり」を確かめあうことは、時として神経が擦り減るほどの気遣いをともなっていた。同様の閉塞感はソーシャルメディアにも顕著に見受けられる。局所的には人と人との「つながり」を確実にはぐくんでいる反面、（サービスが多様であるがゆえにいっそう）棲み分けと分断のメディアとして機能しているという見方もできる（土井 2014）。臨床心理学者のシェリー・タークルが強調しているように、「我シェアする、ゆえに我あり（I share, therefore I am.）」といっても過言ではない常時接続社会においては、「つながっているのに孤独（alone together）」という逆説的な状況に陥りかねない（タークル 2018）。

いうまでもなく、中学生や高校生の頃からスマートフォンを使いこなしている世代は、こうした特性を経験的に知っていることだろう。2010年代以降、Instagram や TikTok のようなビジュアルコミュニケーションが隆盛をきわめた要因として、いわゆる「SNS 疲れ」を回避するために、他者とつながることよりも、発信することを通じて自己承認欲求を満たそうとする傾向が強まったとも考えられる（原田 2020）。

このような問題に向きあううえでも、スマートフォンが新たに何をもたらし、ソーシャルメディアの普及によってはじめて何が変わったのかを、私たちは慎重に見極める必要がある。誰かといつでも、どこにいてもつながりたいという

「テレプレゼンス（tele-presence）」の欲望は、モバイルメディアの普及によって初めて喚起されたわけではなかった。それは手紙や葉書を出したりするような、日常的な営みにまでさかのぼって考察することもできるだろう（金 2016）。

　また、社会学者の佐藤健二は、電話が生み出した「おしゃべり」という「私語」の文化を、メールという文字文化が、黙読ならぬ「黙話」ともいうべき奇妙な位相に発展させたととらえる。ケータイの普及とともに産み落とされた現象や問題の多くは、従来の電話空間そのものがすでに生み出していたコミュニケーションの変化を拡張したものに過ぎないはずだが、それは「かつて電話とはそういうものであったという歴史的事実の存在すら、忘れさせていった」（佐藤 2012：84）。だからこそ、目の前で起こっている現象や問題に向きあうだけでなく、メディアの歴史的な厚みに学び、現在のありようと比較してみてほしい。

（飯田　豊）

◆ 取り組んでみよう ◆

　（1）これまでの携帯電話の利用経験について、親世代にインタビューしてみよう。とくに携帯電話を使い始めた頃、固定電話とどのように使い分けていたのかを聞いてみよう。KDDI がウェブサイトに公開している連載記事【おもいでタイムライン】〈https://time-space.kddi.com/digicul-column/bunka/20160325/〉などを参考資料として示すと、相手の記憶を呼び起こす手がかりになり、話を引き出しやすくなる。

　（2）岡田朋之・松田美佐編『ケータイ学入門――メディア・コミュニケーションから読み解く現代社会』（有斐閣選書、2002年）、『ケータイ社会論』（有斐閣選書、2012年）を読み比べてみよう。それぞれの時代における携帯電話と現在のスマートフォンの使われ方の違いを比較し、人間関係に与える影響の違いについても考えてみよう。

 ブックガイド

ボイド，ダナ（野中モモ訳）『つながりっぱなしの日常を生きる――ソーシャルメディアが若者にもたらしたもの』（草思社、2014年）：アメリカの若者によるソーシャルメディア利用を、丹念なインタビュー調査に基づいて明らかにしている。情報を広く共有するよりもプライベートにしておくほうが難しい技術体系のもとで、若者たちは当然のように共有するほうを選ぶ。プロフィールの偽装、アプリの乗り換えなどによってプライバシーを守ろうとするが、それ

は必ずしも成功しない。「デジタルネイティブ」をめぐる楽観的な定説を覆す一冊で、日本の状況を考えるうえでも大いに参考になる。

富田英典編『ポスト・モバイル社会──セカンドオフラインの時代へ』（世界思想社、2016年）、富田英典編『セカンドオフラインの世界──多重化する時間と場所』（恒星社厚生閣、2022年）：執筆者の多くが長年にわたって、ポケベルやケータイに関する社会学的研究に取り組んでいる。日本におけるモバイルメディア研究の成果を幅広く、しかも深く学ぶことができる2冊。

【参 考 文 献】

土井隆義『友だち地獄──「空気を読む」世代のサバイバル』筑摩書房（ちくま新書）、2008年。

土井隆義『つながりを煽られる子どもたち──ネット依存といじめ問題を考える』岩波書店（岩波ブックレット）、2014年。

原田曜平『Z世代──若者はなぜインスタ・TikTokにハマるのか？』光文社（光文社新書）、2020年。

勝屋俊夫「公衆電話純情物語」通信総合博物館監修『日本人とてれふぉん──明治・大正・昭和の電話世相史』NTT出版、1990年。

金暻和「ケータイ前史──テレプレゼンスの系譜」富田英典編『ポスト・モバイル社会──セカンドオフラインの時代へ』世界思想社、2016年。

北田暁大『増補 広告都市・東京──その誕生と死』筑摩書房（ちくま学芸文庫）、2011年（初版 2002年）。

NTT公衆電話営業部「公衆電話に関する市場調査」『NTT BUSINESS』1998年3月号、1998年。

NTTサービス開発本部編『図説 日本人のテレコム生活1991』NTT出版、1991年。

大宅壮一・米澤滋「新しい社会への提言──情報革新のもたらすもの」（対談）『ダイヤル』1968年1月号、1968年。

岡田朋之・松田美佐編『ケータイ社会論』有斐閣（有斐閣選書）、2012年。

佐藤健二『ケータイ化する日本語──モバイル時代の"感じる""伝える""考える"』大修館書店、2012年。

富田英典『インティメイト・ストレンジャー──「匿名性」と「親密性」をめぐる文化社会学的研究』関西大学出版部、2009年。

富田英典・藤本憲一・岡田朋之・松田美佐・高広伯彦『ポケベル・ケータイ主義！』ジャストシステム、1997年。

タークル，シェリー（渡会圭子訳）『つながっているのに孤独──人生を豊かにするはずのインターネットの正体』ダイヤモンド社、2018年（原著2011年）。

吉見俊哉・若林幹夫・水越伸『メディアとしての電話』弘文堂、1992年。

テレビと動画

2

インターネットがテレビを乗り越えるまで

1. 「テレビ対インターネット」という構図

（1）若者のテレビ離れ

　インターネット上にはさまざまな動画コンテンツがあふれている。YouTube やニコニコ動画などの動画共有サイト。TikTok などの動画に特化したアプリ。Amazon Prime Video や Netflix などの有料動画配信サービス。そして Twitter や Instagram に貼られる短い動画の数々。私たちはさまざまな動画コンテンツを時には真剣に、時にはなにげなく観て過ごす。

　動画はファイルサイズが大きいので、大容量のデータをスムーズに送受信できる環境がなければ楽しめない。そのような技術環境が成立したのは2000年代中盤からで、ネット動画は比較的新しい文化である。

　それ以前の時代、動画といえばテレビであり、ビデオであり、映画だった。なかでも私たちが圧倒的に長時間ふれていた動画はテレビだった。もちろんいまでもテレビはあり、私たちは普通にテレビのある環境で過ごしている。しかし以前と比べて、私たちはテレビをあまり観ないといわれることが多い。

　NHK 放送文化研究所の「国民生活時間調査2020」によると、1日にテレビを視聴する時間は10代前半52分、10代後半53分、20代82分、30代92分、40代116分、50代163分で、若い人ほどテレビを観ていない傾向が顕著である。一方、総務省の「令和4年度　情報通信メディアの利用時間と情報行動に関する調査」によると、平日に動画投稿・共有サービスを観る時間は10代91.1分、20代99.9分、30代57.1分、40代38.9分、50代28.7分で、こちらは若者のほうが長く観ている。休日だと10代138.6分、20代158.4分とさらに長時間になり、テレビの視聴時間を大きく上回る。

　これらのデータには若者のテレビ離れとインターネット偏重が明確に表れて

いる。しかし考えようによっては、10代52～53分、20代82分というテレビの視聴時間を「まあまあ観ている」と解釈することも可能だ。NHK放送文化研究所の「全国メディア意識世論調査・2022」によると、テレビ番組をリアルタイムでまったく観ないと答えた16～29歳は22％で、約8割の若者は短いながらもテレビと接触はしている。

　昔のように家に帰るととりあえずテレビをつけて、寝るまで何時間もつけっぱなしにしているような生活と比べれば、テレビは観られなくなったかもしれない。しかし「テレビ離れ」と言い切るほど絶望的な短さでもない。まったく観ない人とよく観る人の個人差はあるだろうが、平均的にみて若者はテレビを観ていないわけではなく、なんとなくつけているだけの時間も含めてだがそれなりにテレビと接触しているのだ。

（2）「対テレビ」がインターネット文化の基礎をつくった

　スマホ中心の生活をしている人も、けっしてテレビと無縁ではない。芸能ニュースにはテレビ番組がソースの情報がたくさんある。俳優や人気アイドルのファンにとっては、彼ら（彼女ら）の出演するテレビ番組のチェックは欠かせない。SNSでテレビ番組の実況や感想をよく見かける。TVerやParaviなどの見逃し配信サービスを利用する。テレビの面白いキャプチャ画像がインターネットミームに使われている。私たちがスマホを利用する時、テレビが絡んでいることは意外と多い。

　昔と比べればテレビの地位は相対的に低下したかもしれないが、テレビがインターネットに影響を与えている側面もまだ強いので、相互に良い関係を保っていると見なすこともできるだろう。私たちはいまでもまあまあテレビが好きで、なんらかのかたちでテレビと関わっているのである。

　しかし一方で、インターネットではテレビを批判したり嫌悪したりする言葉も頻繁に見かける。街頭インタビューに仕込みの役者を使っているのではないかという疑惑が画像とともに拡散したり、SNS画像の使用許可を求める番組スタッフのリプが無礼だと批判されたり、政治的に偏っているのではないかという攻撃がなされたりする。番組の内容が差別的だ、配慮がないなどの炎上もしばしば起こる。そこまで過激でなくても、自分に合った番組がない、つまら

ないといった不満もよく語られる。

　テレビを好きだけど嫌い、友好的だけど敵対的というねじれた関係がそこにある。テレビはつまらない、信用できない、スマホのほうが面白いといいつつも、ついついテレビと関わってしまう。そしてテレビをそれなりに楽しみつつ、いくつものネタを仕入れてまたスマホに戻っていく。それがネットユーザーとテレビとの典型的な関係だろう。

　テレビに対するねじれた愛情は、インターネットがはじまった頃からずっと続くものだ。テレビからインターネットへと移住してきた第一世代は、1990年代後半に日本のネット文化の基礎を形成していく過程で、当時圧倒的な存在感を持っていたテレビの影響をふたつの意味で強く受けていた。ひとつは、テレビ的なコミュニケーションのノリをインターネットに持ち込むかたち、もうひとつは、テレビに対抗する新しいリテラシーをつくり出すかたちである。前者はテレビに対する愛であり、後者はテレビに対する敵意であった。

　このふたつこそが現在のネット文化の基礎になっている。日本のネット文化は「対テレビ」という図式のなかで基礎がつくられていった。このことを理解するには、1990年代後半から2000年代初頭にかけて、テレビからインターネットに引き継がれた独特のコミュニケーションの形式と、そしてインターネットとテレビの戦いの歴史を知らなければならない。

■■■ 2. 愛と敵意：初期のインターネットとテレビの関係

（1）「映像にツッコむ」作法の起源

　テレビからインターネットに引き継がれた独特のコミュニケーションの形式とは、簡単にいえば「ツッコミ」のことだ。それも、ボケているものにツッコむというよりは、ツッコむことでそこにボケを発生させるような、ツッコミ先行型のコミュニケーションである。

　現在のお笑いでは、笑いを意図していないモノ・人・画像などにツッコんで、それを面白いものに仕立てる手法がよく見られる。こうしたツッコミ先行型の笑いはネタ自体の面白さを必要とせず、手っ取り早く笑いを生み出す方程式として使い勝手のよいものだ。

これをテレビ番組づくりに応用したのが、画面上のできごとにツッコミを入れるいわゆる「ツッコミテロップ」である。その発祥は1988年に朝日放送ではじまったバラエティ番組「探偵！ナイトスクープ」といわれ、その後、「進め！電波少年」（1992〜1998）、「めちゃ×２イケてるッ！」（1996〜2018）、「『ぷっ』すま」（1998〜2018）など、個性的なツッコミテロップを開発する番組が1990年代にいくつも登場し、テレビバラエティの定番の手法へと発展していった。

　テロップに頼らず、番組の司会者が自力でツッコんで笑いを生み出すのもよく見かける光景だ。明石家さんまが司会の「恋のから騒ぎ」（1994〜2011）や「踊る！さんま御殿‼」（1997〜）では、女子大生や俳優などバラエティ慣れしていない人びとの普通の発言が、さんまの的確なツッコミで面白い発言へと変換されていく。「笑っていいとも！」（1982〜2014）では、司会のタモリや関根勤が視聴者参加コーナーの素人の服装やしゃべり方にツッコミ、その人がボケているような状況をつくり上げていた。素人いじりは昔からある笑いの手法だが、1990年代に洗練され、テレビ的笑いのスタンダードへと進化していった。

　ツッコミよりもっと簡単なやり方として、そのネタがウケている「証拠」を見せるという技術もある。たとえばVTRの最中にスタジオゲストの笑い声が聴こえたり、画面隅の小窓（ワイプ）に爆笑するゲストの表情が映されたりすれば、視聴者に「これは面白い」という状況が簡単に伝わる。笑いに限らず、ワイプでゲストが泣けば感動を、首を横に振ってためいきをつけば怒りを伝えることができる。これも1990年代から流行するテレビづくりの方法だ。

　このように1990年代のテレビは、ボケていないものにツッコんだり、これは面白い（悲しい、腹立たしい）という状況を意図的につくり出したりしながら、ネタ自体の面白さに依存しない、確実にウケる「保証された笑い」や「保証された感動」を生み出していった。インターネット第一世代は、そのような楽しみ方に慣れ親しんだうえでネットの世界に入ってきたことになる。

　彼らが考えたのは、保証された笑いはインターネットにも向いているということだった。匿名の人びとがゆるやかにつながるネットの世界では、価値観もセンスも異なる人間どうしが確実に笑いあえる簡単な仕組みが必要だった。その時、ツッコめばとりあえず面白くなる仕組みは重宝する。

　わかりやすい例が、1999年に開設した巨大掲示板群「２ちゃんねる」の人気

カテゴリ「実況板」である。おもにテレビ番組を観ながら書き込んでいくこの板では、映像に対してさまざまなツッコミがなされる。その言葉づかいはツッコミテロップのようでもあり、「なんでだよ w」「ひでえ w」などはいわゆる「ひな壇芸人」のガヤのようでもある。「いま嫌々言ったよね」のような観察のうえでのツッコミは司会者的でもある。ネット言葉の基本である「草（www）」もまた、スタジオの笑い声を模倣しているかのようだ。

　こうした書き込みを積み重ねて笑いが保証された空間をつくり上げ、心地良い環境を保つことが初期のネット文化の基本的態度になった。この流れは最終的に、画面上に大量のツッコミテロップが流れるニコニコ動画の開設（2006年）へとつながっていく。

（2）「感動」と闘争するネット住民たち

　保証された笑いや感動に慣れてきた視聴者の一部は、テレビの面白さは演出によるものだという冷めた考え方を持つようになる。1990年代は、過剰な演出でやらせを真実のように見せる番組づくりに対して、敵対的な感情を持つ視聴者が増えた時代でもあった。そのタイミングとインターネット普及のタイミングが一致したことで、インターネットはテレビに対して敵対的な人びとのたまり場という性質も有するようになる。

　1990年代後半から2000年代の前半にかけて「ドキュメントバラエティ」と呼ばれる番組ジャンルが流行した。企画でありながら、そこに登場人物のリアルな人生が賭けられているようなジャンルで、若手芸人がヒッチハイクで大陸横断を目指す「進め！電波少年」、アイドル候補生がデビューするまでを追い、モーニング娘。を生み出した「ASAYAN」（1995～2002）、芸能人がCDデビューや社交ダンス大会での入賞などを目指す「ウッチャンナンチャンのウリナリ!!」（1996～2002）、一般人がプロボクサーやラーメン屋の開店などを目指す「ガチンコ！」（1999～2003）、男女7人がラブワゴンと呼ばれるクルマに乗って世界を旅し、その間の恋愛模様を観察する「あいのり」（1999～2009）などがある。

　こうした番組には脚本や演出があり、カメラに映っていない部分でさまざまな調整がおこなわれているのは明らかだったが、出演者の人生がかかっているだけにリアリティがきわめて強く、巨大な感動を生み出していた。こうした感

動の大量生産が気に入らない初期のネットユーザーは、番組の不自然さや過剰な演出を激しく追及し続けた。一部では出演者の見えすいた演技をネタとして楽しむ向きもあったが、全体としては敵意をもってテレビと対峙するような言説空間をつくっていこうとする動きであった。

　2000年代にはこうした動きが実力行使に発展する事件がいくつか起こる。2002年、「24時間テレビ」（日本テレビ）のマラソン企画で、ランナーの女性芸能人が一部区間を世界記録を上回るペースで走った（ように見えた）ことが問題視され、翌年からリアルタイムで走りを監視するオフ会がおこなわれるようになった。同じく2002年、「27時間テレビ」（フジテレビ）内でおこなわれる予定だった湘南海岸のゴミを拾ってきれいにする企画を潰すために、放送前にすべてのゴミを拾ってしまうオフ会を実施している。

　「感動をありがとう」的な演出に対するネット住民の敵意は、インターネットをテレビに対抗するカウンターカルチャーに育て上げようとする意欲に満ちていた。メディアの王者であったテレビにケンカを売ることを通じて、初期のネットユーザーたちは、インターネットの可能性とは何か、そして限界とは何かを体で覚えていったのである。

3. 新しい動画文化の成立：「対テレビ」を超えて

（1）ニコニコ動画と YouTube

　メディアの脇役としてスタートしたインターネットは、メディアの主役だったテレビに対する愛と敵意をはぐくみながら、自らのコミュニケーションスタイルを模索した。そして、とりあえずツッコんで面白くする方法と、マスメディアの演出性に対抗する姿勢とを身につけていった。最初に述べたように、このふたつは現在もネット的なコミュニケーションの基本的な枠組みとして生き続けている。

　しかし、インターネットがメディアの主役へと成長するにつれて、ふたつのコミュニケーションはその枠組みだけを残して、「対テレビ」という意味あいが少しずつ必然性を失い、薄まっていった。一方でネット独自の動画が増えていくと、そこにはテレビとは異なる新しい動画文化のかたちが花開いた。

ニコニコ動画は2006年に開設してしばらくのあいだ、2ちゃんねるの実況板さながらに、おもしろ動画にみんなでツッコミテロップをつけてワイワイ楽しむのが中心だった。しかし、歌ってみた・踊ってみた動画で高い技術を披露したり、ボーカロイドなどを使って楽曲を発表したり、ゲーム実況者にアイドル的な人気が起こったりするにつれて、良質のコンテンツや才能を生み出し、それを鑑賞・評価する場としての性格を強めていった。

　YouTube は2005年にはじまり、動画の共有という基本的な楽しみを中心に発展してきたが、やがてユーチューバーと呼ばれる動画クリエーターたちが存在感を強めていった。ユーチューバーは商品紹介動画や「やってみた」系の動画などから発展して、美容系、ゲーム実況、料理・食事系、フィットネス、教養系、日常紹介 (Vlog)、音楽カバーなど多様なジャンルへと広がっていった。現在は多くの芸能人も参入し、二次元キャラによる VTuber も高い人気を博している。

　これらの動画共有サイトにくわえて、文章と画像が中心だった Twitter でも動画の投稿数が増加していき、Instagram リール、TikTok、YouTube ショートなども含めて短時間の動画が SNS の重要なコンテンツになっていった。一方で、インスタライブ、YouTube ライブ、TikTok ライブなどでは、一般のユーザーによる長時間のリアルタイム配信が定着していく。なかにはインフルエンサーを名乗り、芸能人以上に視聴者に影響を与える人物も現れている。

　こうして、インターネットにはアマチュア制作の動画が一気にあふれ出した。動画はいまや、若者を中心に自己表現の中心的な手段になりつつある。

　若者にとって、同世代の感性を存分に発揮する動画はテレビにはあまりなく、彼らのセンスに合ったネット動画に面白さを感じるのは自然なことだ。細分化されたオタクの世界も同じく、自分の興味関心にピッタリ合ったコンテンツはインターネットにこそある。ネット動画の視聴時間が増えるのは、文化としてまっとうな姿といえるかもしれない。

（2）テレビとネット動画との新しい関係性とは

　アマチュアによる動画は、プロが制作した作品のようにじっくり鑑賞されるものではない。動画をネタにリプやコメントで言葉のやりとりを楽しんだり、

あるいは動画自体がブログやツイートのような性格を持っていたりと、コミュニケーションツールとしての意味あいを帯びている。ネット動画はノリやセンスを共有する人びとのあいだで流通するから、豊かなコミュニケーションを触発しやすいものだ。

　動画がつながりを楽しむための軽いネタへと変化するにつれて、それはテレビ番組をも取り込んでいった。テレビ番組の面白いシーンや特定のタレントが出ているシーンだけが切り抜かれてSNSに貼られ、タイムラインに流れてきたり、おすすめ動画に表示されたりする様子は、飼い猫のかわいい仕草や、高校生ふたりのたどたどしいダンスの映像と同じたたずまいである。テレビ番組はひとたびネット動画へと変換されると、特権性を失って他の動画と横並びの存在になる。

　もちろん、若者はそれなりにテレビを観ているという調査データもあるので、テレビが完全にネットの世界へと取り込まれてしまったわけではない。しかし、アマチュアだけでなくプロのアーティストや俳優・タレントもテレビを介さずに情報やコンテンツをインターネットに流通させ、日本のみならず世界中の人びとの制作する動画が自由に閲覧できるようになった現在、ネット動画の世界が強い力を持ち、もはやテレビに対抗したり、テレビを超えようとする意思を必要としないくらいにその勢力を拡大しているというべきだろう。

　とはいえ、テレビの持つ映像制作技術はネット動画をはるかにしのぐレベルで、テレビだけにしかつくれないハイクオリティなコンテンツはいくらでもある。また、ひとつのコンテンツに対する同時的な視聴者の数はネット動画と比べてケタ外れに多く、話題や流行を共有したい欲求に対して、テレビはいまなお強くこたえることができるのも事実である。テレビとインターネットはそれぞれの長所をいかしながら共存や連携の道を歩んでいくのが理想だが、技術革新が激しい速度で進行する現在の状況にあって、安定した関係性がどこにあるのかを見つけ出すにはもう少し時間が必要かもしれない。

4. あいまいになるテレビとインターネット

2010年代の終わりから、テレビ受像機で観るのがテレビ番組で、スマホやパ

ソコンで観るのがネット動画という、視聴機器による区分があいまいになってきた。「全国メディア意識世論調査・2021」によると、YouTube や Netflix などのインターネット動画をテレビ受像機で観る人の割合は全体の24％、もっとも多い30代は34％と３分の１を占めている。テレビでネット動画を観るための接続機器や、スマートテレビの普及が大きな要因である。

逆に、Tver、Paravi、NHK プラスなどの見逃し配信サービスの充実によって、テレビ番組をスマホやパソコンで観る機会も増えた。Abema はテレビ朝日系の、Hulu は日本テレビ系の過去の番組を有料・無料で配信している。テレビ番組が YouTube や Instagram のアカウントをつくり、ネット限定の無料動画を制作することも多くなった。

いまや、テレビでもインターネット動画が見られるし、インターネットでもテレビコンテンツが見られる時代になったのである。かつてはテレビの住人だった芸能人が、配信専用の番組に出演したり、SNS でライブをするようになったのも、テレビとインターネットの境界線をあいまいにしているだろう。私たちはもはや、どれがテレビ番組で、どれがネット動画なのかを厳密に区別して観てはいない。テレビドラマをテレビ放送で観る人と、放送後にサブスクでまとめて観る人に本質的な違いはない。

テレビとネットの境界線が薄らぐにつれて、かつて遠い存在だったテレビの出演者を身近に感じるようになっている。視聴者と出演者は、SNS などをつうじて直接言葉を届けあうのが当たり前で、それはテレビの楽しみを増やすと同時に、出演者に過度なストレスを与える原因にもなっている。

先述した「ドキュメントバラエティ」の代表的ジャンルである恋愛リアリティーショーは現在でも人気コンテンツだが、2020年、ある番組の出演者が自ら命を絶ち、視聴者からの誹謗中傷が原因であるとされた。かつて２ちゃんねらーたちはドキュメントバラエティ批判をテレビ局に向けたが、20年の時を経て、SNS ユーザーたちはそれを出演者本人に向けたのである。

放送と通信の融合は、技術的な側面だけでなく、視聴者の心理や行動、ひいてはテレビ文化のありかた全体にも強い変化をもたらす。そのことを念頭において、テレビをめぐる今後の推移を見守っていきたい。

（高野　光平）

ブックガイド

太田省一『社会は笑う（増補版）──ボケとツッコミの人間関係』（青弓社、2013年）：ボケ、ツッコミ、しろうと、天然ボケ、テロップなど「テレビ的笑い」を構成する要素が歴史的にどのように成立・発展し、時代に応じた笑いのかたちをつくり上げてきたのかを、豊富な実例とともに解き明かした本。硬めの文章なのでやや読みにくいかもしれないが、取り上げられる番組をネットで調べながら丁寧に読んでいけば理解できる。

濱野智史『アーキテクチャの生態系──情報環境はいかに設計されてきたか』（筑摩書房、2015年）：インターネットの基本設計（アーキテクチャ）が私たちのコミュニケーションをどのように方向づけているかを、わかりやすく解説した2008年の本の文庫版。当時のネット文化を知りたい時に役立つ。とくに第6章と第7章に初期のニコニコ動画の分析があり、ネット動画の歴史を学ぶうえで必読である。「疑似同期」「n次創作」といった当時の概念が現在のニコニコ動画にも当てはまるのか、現在との比較を意識しながら読みたい。

【参 考 文 献】

川上量生監修『角川インターネット講座(4)ネットが生んだ文化──誰もが表現者の時代』角川学芸出版、2014年。

北田暁大『嗤う日本の「ナショナリズム」』NHK出版（NHKブックス1024）、2005年。

松本修『探偵！ナイトスクープ──アホの遺伝子』ポプラ社、2005年。

Chapter インターネット 3

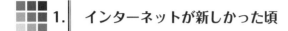

大学生文化としての Web1.0

■■■ 1. インターネットが新しかった頃

　2020年頃から「Z世代」という言葉が広く定着した。阪神・淡路大震災が発生した1995年頃から、東日本大震災が発生した2011年頃までのあいだに生まれた世代を意味するらしい。物心ついた頃から携帯電話やインターネット、SNSなどのデジタルメディアに親しんでいるとともに、環境問題をはじめとする社会課題への関心が高いとされる。

　社会課題の解決などに向けて、デジタルメディアを活用する若者たちの主体性に焦点があたることもあるが（竹田 2022など）、「Z世代」という言葉はむしろ、消費者マーケティングの文脈で目にすることのほうが格段に多い。長い不景気を実感した年長世代よりも消費に対する意欲が高く、その言動にインターネットが大きな影響を与えていると見なされることから、「今後、消費の中心になっていく重要な顧客」（『読売新聞』2023年2月22日朝刊）、「SNS（交流サイト）などを通じた情報発信力が強く、[…] Z世代は日本のサステナブル消費のけん引役になる」（『日経産業新聞』2022年7月15日）などととらえられる。

　比較的恵まれた雇用状況などを背景に、マイペースに居心地よく過ごすことを重視しながらも、SNSを通じた発信欲求が強く、「いいね」などをもらって自己承認欲求を満たしたいというのが、「Z世代」の特徴とされる。関心を持った商品やサービスを TikTok や Instagram で共有し、これが広く拡散されれば、マスメディアにも取り上げられやすくなる（原田 2020）。

　また近年、動画配信サービスなどのサブスクリプションが日常生活に不可欠となったが、膨大にある未知の作品を、検索によって予習することも当たり前におこなわれる。大手広告代理店のマーケターは「選択に失敗したくないのがZ世代で、何事もネタバレを見た上で厳選する傾向がある」と指摘する（『読売

新聞』2022年4月5日朝刊）。このように、倍速視聴やネタバレといったコンテンツ消費の変容も、しばしば「Z世代」と結びつけて論じられる（稲田 2022）。ちなみに、1990年代に普及した「使い捨てカメラ」（→第4章）や「プリクラ」（→第1、4、11章）、「たまごっち」（→第11章）などに改めて関心を向ける、いわゆる「平成レトロブーム」の担い手も「Z世代」と見なされることが多い（1990年代の文化は、親世代が若者だった時期に相当する）。

　こうした動向が、人口構成や経済状況の変化にともなう世代間の価値観の違いと結びついていることは否定しないが、そもそも約四半世紀のあいだに、インターネットの仕組み自体が大きく変わったことも無視できない。デジタルメディアに慣れ親しんでいることによって、これからの主力消費者として期待されるというのは、インターネットが現在、広告ビジネスの主戦場になっていることと表裏一体の関係にある。実のところ、検索エンジンが未熟で、SNSがまだ登場していない1990年代のインターネットは、今日とはまったく異なる様相を呈していた。

　そもそもインターネットの起源は、1960年代にアメリカ国防総省が主導して開発に着手したARPANET（Advanced Research Projects Agency NETwork）というパケット通信網である。AR-PANET は、スタンフォード研究所、カリフォルニア大学ロサンゼルス校とサンタバーバラ校、ユタ大学を専用回線で結ぶことから始まり、その後、世界各国の大学や研究機関がこれに参加して広がっていった。

　日本では1995年11月にWindows95が発売され、「インターネット元年」と

図1　**Japan Edge**（Wayback Machine, https://web.archive.org/web/19980211152241/http://www.ces.kyutech.ac.jp/student/JapanEdge/）

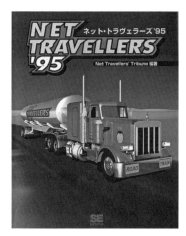

図2　『ネット・トラヴェラーズ '95』
（翔泳社）

喧伝された。その半年前、『日本経済新聞』4月29日朝刊によれば、慶應義塾大学湘南藤沢キャンパスでは、すでに4割もの学生が自分のホームページを持っていたという。また、九州工業大学のサーバに学生が開設している「Japan Edge」というページは、テクノミュージックやファッションの情報をふんだんに盛り込んでいて、「雑誌的な雰囲気」だと伝えている（図1）。

　同じ記事のなかで、『ネット・トラヴェラーズ '95』（図2）という本の編集を手掛けた川崎和哉は、「大学生がカルチャーの世界で久々に優位に立つ状況が生まれているような気がします。インターネットのおかげです」と語っている。この本は当時、デジタル・ネットワークを旅する若者のためのガイドブックを謳っていて、その巻頭で「Japan Edge」も大きく紹介されている。川崎は本書の制作を通じて、大学生こそがインターネットを使う環境に恵まれていることを痛感したという。

　このように日本のインターネット文化は90年代、大学という場を中心に胎動していた。そこで本章では、大学生の文化という視点から、日本のネット草創期を振り返ってみたい。いまでは想像しにくいかもしれないが、つまり裏を返せば、未来のインターネットもまた、私たちの想像が及ばないかたちに変わっていく可能性もあるのだろう。

2. Web 1.0の時代：新しい「メディア」としてのインターネット

（1）それは大学からはじまった

　インターネット普及の前史には「パソコン通信」がある。特定のサーバに会員のみが接続してデータ通信をおこなうサービスで、1980年代後半から1990年代にかけて広く普及した（2006年までに全社のサービスが終了）。共通の趣味を持っ

た人びとがオンラインで交流していたのだが、当時はまだ常時接続ではなく、高額な電話料金が必要だった。したがって利用者の中心は、大学生のような若者ではなく、経済的に余裕のある20代後半から30代の男性会社員で、女性は全体の１割にも満たなかった（『日本経済新聞』1991年７月22日朝刊）。

　それに対して、日本におけるインターネットの起源とされるのは、計算機科学者の村井純が1984年に開設したJUNETである。慶應義塾大学、東京大学、東京工業大学などが太い回線でつながり、もっぱら各大学の研究者が利用していた。JUNETは1991年まで続き、そして1992年12月以降、誰でも契約できる民間のインターネットサービスプロバイダ（ISP）が相次いで登場した。

　こうしてインターネットが普及しはじめた当初は、大学や研究所などのサーバを用いてウェブサイトを開設している人が多かった。その先駆を担ったのは、理工系の大学院生たちである。日本のインターネットの歴史に詳しいばるぼらによれば、日本語表示可能なブラウザが登場した1993年後半から1994年前半までは、プロバイダ料金が安くても月額10万円以上で、とても趣味で利用できるものではなかった。企業のサーバでは社員が個人サイトを制作するわけにはいかない。唯一の例外が大学生だった。「つまり（日本の）ネットで最初に個人サイト文化を作ったのは大学生なのである。［…］とは言っても、サーバが立ち上がったことが即サイト作りにつながるわけではない。せっかく教授がスペースを与えても、それを活用するすべを知らない学生が大半だった。学生ページの基本フォーマットは「名前とメールアドレス」「自己紹介」「サークル紹介」。よくてせいぜい研究テーマの紹介やHTMLマニュアル、たまに旅行の写真を置くのが精一杯で、それぞれがぽつりぽつりと点在し」ていた（ばるぼら 2005：41-42）。

　しかしながら、大学生によってつくられたサイトのなかで、1994年８月にいち早く開設された「Japan Edge」は、日本の個人サイト文化に多大な影響を与えた。このサイトを立ち上げたのは、大学の広告企画研究会でミニコミ誌（自主制作の雑誌）をつくっていた３名の学生たちだった。「ミニコミ」とはマス・コミュニケーションの対義語で、1960年代に生まれた和製英語である。英語圏では同人誌やミニコミ誌のことをZINE（fanzineの略語）と呼ぶが、Macintoshの普及にともなうDTP（Desktop Publishing）と相まって、アメリカ西海岸で

1988年頃、流行現象になっていた。そして1994年には、インターネットを通じてこれを公開する E-ZINE(electronic magazine) が盛り上がりを見せるが、「Japan Edge」はこうした潮流から強い影響を受けていた（同：42-45）。

　冒頭で述べたように、翌年には『ネット・トラヴェラーズ '95』という本が刊行されている。その出版記念のクラブイベントには、当時の有名なウェブサイトの制作者がほとんど集まり、同年の筑波大学の学園祭では、学生ウェブオーナーが顔を合わせるオフ会が開かれたという。サイトの制作者たちは、当時はまだ電子掲示板（BBS）ではなく、メーリングリストを通じて交流していた。もっとも、ばるぼらの見立てによれば、奇妙な連帯感とともに成長してきた日本の E-ZINE は、1996年３月に第一世代の終焉を迎える。大学卒業などをきっかけに、多くの人気サイトが終了（もしくは更新が停滞）してしまったためである（同：47-50）。

　1990年代後半になると、大学の教育用計算機システム（共用パソコン）を利用するためのアカウントが学生全員に発行され、このシステムを利用した演習科目が初年次教育に位置づけられるのが一般的になった。簡単なウェブページの作成と公開が課せられることも多く、授業課題として１年生の時に開設した個人サイトを、卒業まで趣味で更新し続ける学生も珍しくなかった。

　1994年９月には格安の ISP が登場していたが、インターネットの世帯利用率が50％を超え、急速に普及するのは2000年代に入ってからのことである。しかも1990年代はまだ、電話回線網を利用したダイヤルアップ接続が主流で、電話料金がきわめて高額だった。もっとも、NTT が1995年、深夜23時から翌朝の８時のあいだに限って、特定の電話番号と月極定額で接続できる「テレホーダイ」というサービスを開始したことで、多くの若者たちが90年代後半、深夜に限ってネットを活用できるようになった。この当時、インターネットに常時接続された大学の共用パソコンが、いかに快適だったかわかるだろう。

（2）雑誌からインターネットへ

　こうしてインターネットの魅力が、大学院生から大学生に伝播していくとともに、新しいもの好きの社会人など、若い世代のあいだで広く知られるようになる。多くの個人サイトは当初、間接的にであれ海外の E-ZINE からも影響を受けながら、雑誌をお手本とするような「新しい読み物」を志向していた。

雑誌の国内総売上は、1996年から1997年がピークである。情報技術の革新の陰で見落としてしまいがちだが、1990年代とはかろうじて、雑誌の読者共同体がさまざまな文化を牽引していた時代だった。コンピュータ文化も例外ではない。インターネットが広く普及していない当時、ソースコードやソフトウェアを収録したフロッピーディスクやCD-ROMが、雑誌の付録というかたちで広く流通していた。電話代がかかるインターネットを介するよりも、まだCD-ROMが付いていたほうが楽で、送り手にとっても、雑誌によって情報をパッケージングしたり、カタログ的に見せたりすることに価値がある時代だった。インターネットに何があるかということが、検索エンジンによって効率的に把握できるようになるのは、もう少し後のことである（ばるぼら・さやわか 2017：112-113）。

　文化を牽引していたのは商業出版だけではない。先に触れたように、1960年代の安保闘争のなかで「ミニコミ」という言葉が若者を中心に広がり、1970年〜1980年代にかけて多様なミニコミ誌が流通した。1980年代はまた、漫画同人誌を中心とする二次創作文化の成長が著しかった時期でもある。

　そして、雑誌と初期のインターネットのあいだには、いわゆる「投稿文化」という連続性があった。たとえば、1972年に創刊された音楽誌『rockin'on』は当初、ほぼ全面が素人の投稿文によって構成された参加型の同人誌だった。音楽に自分を託し、共通の音楽について活発に語りあうことで、思いを共有する人間同士がつながろうとした。ばるぼらは、『rockin'on』に見られたような自分語りが、日本のインターネットに継承されていることを指摘している（ばるぼら 2005：78）。それはラジオの深夜放送で培われてきた投稿文化とも共通している。

　ソーシャルメディアの社会史に取り組んでいる佐々木裕一は、『rockin'on』を端緒とする投稿雑誌の系譜の先に、1990年代後半における「メールマガジン」の隆盛を位置づけている。双方向性には乏しいが、重要なのは編集が機能していることであり、それゆえメールマガジンは「雑誌」なのである（佐々木 2018：14-20）。

　個人サイトに媒介された雑誌的な読者共同体が増殖していた当時、その可能性の中心にいたのは大学生たちだった。ところが2000年前後になると、個人サイトは、読者同士が日記で反応しあうコミュニケーションのためのプラットフォームに変容していくことになる。

3. Web 2.0の胎動：「メディア」から「プラットフォーム」へ

(1)ウェブ日記とランキングサイト

　いまではすっかり死語になってしまったが、2000年代の序盤まで「テキストサイト」という言葉が広く使われていた。小説やエッセイなどのテキストを公開していたサイトの総称だが、その前身として定着していたのが「ウェブ日記」である。日々の生活のなかで特筆すべきことがなくても、誰でも手軽に毎日サイトを更新することができるのが、日記というフォーマットだった。それは無論、従来の日記（や交換日記）とは、大きく性格が異なるものである（川浦・山下・川上 1999）。

　ウェブ日記を核とする個人サイトの構成要素は一般的に、「アバウト」「日記」「BBS」「リンク」の四つだった。手書きの html もしくはホームページ制作ソフトでつくられていた日記ページには、後のブログのように読者がコメントを書き込むことはできないので、コミュニケーションのためには別途、BBS が必要だった。また、「アバウト」に記載された自己紹介よりも、「リンク」の一覧を見るほうが、その人の価値観を端的に把握できることもあった。日記を書くことよりもリンクの充実に力を入れるサイトも登場した。日記の文中にもリンクが貼られ、参照先のサイトを賞賛することもあれば、逆に批判や非難をして揉めることもあったのは、後年の SNS と変わらない。あちこちのページを更新するのは書き手にとって煩わしいばかりか、読み手に対しても親切ではないので、この四つにおのずと収れんしていったのである。

　ある大学院生が1995年５月に公開した「日記リンクス」を嚆矢として、1990年代後半にはウェブ日記の登録制リンク集が人気を集める。リンク集が次第に大規模化していって、アクセス数が集計され、お気に入りの日記に投票できるようになったのである。その結果、もともと内輪向けの身辺雑記しかなかった多くのサイトが、他者の評価を強く意識した文章を載せるようになった。文章力を買われて雑誌のライターなどに転身した人たちも現れる（釜本・くぼうち 2002：43-44）。日記リンクスは中断と再開を経て、管理人が大学院を修了する1997年３月まで続いた。当初は大学院生や大学生を中心とする内輪的なコミュニティだったが、インターネットに大きな注目が集まるようになった結果、次第にさまざまな属性の人びとが参入し、サイト運営は混乱をきわめた（ばるぼら 2005：65-68）。

「日記猿人」（1996〜2000年）、その後継の「日記才人」（2000〜07年）は、自分の日記を更新して報告すると新着リストに表示され、日記に貼り付けた投票ボタンが押されるとランキングに反映された。自分の読みたい日記だけを登録してリスト化する機能もあったが、ブログが普及するとRSSリーダーというアプリケーションによる更新情報の取得が一般的になり、サービスを終了した。

　また、ウェブ日記に限定しないテキストサイトの登録制リンク集「ReadMe! Japan」（1996〜2007年）は、サイトにアイコンを設置するだけでアクセス数が集計され、ランキングに反映された。1990年代末から2000年代前半において、テキストサイトとは、ここに登録されているサイトのことを意味していたといっても過言ではなかった。それを片っ端から批評し、「おすすめ」を選出する人物もいた。したがって、テキストサイトの書き手は、ウェブ日記より強く読者を意識するようになっていく。ランキングという表現自体が、コミュニケーションを方向づける役割を果たしていたわけだが、現在、利用者の反応をリアルタイムに自動処理できるインターネットにおいて、ランキングはいたるところに遍在している（宇田川 2019）。

　2001年3月3日、「侍魂」というテキストサイト（http://www6.plala.or.jp/private-hp/samuraidamasii/）が、海外で開発された二足歩行ロボット「先行者」をギャグ混じりで紹介する文章を公開したところ、1日当たり約20万という膨大なアクセスがあり、それが数か月間にわたって続いた。管理人は当時、暇を持て余していた大学生の男性だったという。1990年代において、有名テキストサイトでも日別アクセス数は数千程度が上限だったので、2桁違いの快挙だったわけである。管理人によれば、「先行者を書いた時に意識したのは、普段文章を読まない人でもスパッスパッと高速の紙芝居みたいに進んで読める、そういう感覚を大事にしようってことで［…］間を計算して文字の大きさや改行整えたり」していたという（釜本・くぼうち 2002：15）。読者のスクロール行為を意識したページ制作は、後続のテキストサイトの模範となり、ケータイ小説の書き手などにも継承されていく。

　「先行者」以後、テキストサイトの書き手と読み手は急激に拡大した。2000年の年末時点で「ReadMe! Japan」に登録されていたのは8900サイトだったのに対して、その1年後には約2万サイトに倍増した（同：45）。ウェブ日記から

テキストサイトへの展開について、ばるぼらは次のように指摘している。「こ
れまでなら主とした読者が同じ学生であり、未開の体験を共有していることで、
前提を省略した内輪向けの日記でもある程度はかまわなかった。だが交わるこ
とのなかった一般の人がネット人口を占めるようになると、前提を共有してい
なくとも入ってこれる文章が好まれていく」(ばるぼら 2005：114)。このような
変化に追従して、ランキングの順位に一喜一憂する人もいれば、親しい友人だ
けに URL を知らせ、さらに閲覧のためのパスワードを設定することで、ひっ
そりと日記を更新する人もいた。

（2）レンタル日記サービスからブログへ

　ウェブ日記がブームになるのは、個人で html ページを制作する必要がなく、
アカウント登録だけで利用できる「レンタル日記サービス」が急増した2000年
頃のことである。無料のレンタル日記サービス「さるさる日記」(1999〜2011年)
などは、ブログと同じ CGI という仕組み（ウェブサーバ上でユーザプログラムを動
作させるための取り決めのこと）によって動作していたが、コメントやトラックバッ
クの機能はなかった。そこで、多くの利用者は別途、BBS やチャットのペー
ジを併設することで、読者とのコミュニケーションを楽しんでいた。アクセ
スログ解析の CGI を埋め込んでおくことも不可欠である。他のサイトにリン
クを貼っておくと、相手がそれを察して相互リンクを貼り返してくれることも
あれば、メールや BBS で反応してくれることもあった。

　それに対して、アメリカでは1999年頃からブログが少しずつ知られるように
なり、2001年の同時多発テロ事件をきっかけに、個人がいち早く情報を伝えるた
めの手段として爆発的に普及した。少し遅れて日本では2003年の夏にブームが
到来したが、ウェブ・ジャーナリズムの手段として定着したというよりも、従来
のウェブ日記の文化を踏襲したものといえる。それまで「日記」という語感の内
向性に抵抗があった人びとも多かったが、アメリカからやってきた新しい知識
共有のツールという話題性にも後押しされ、新しい利用者が開拓されていった。

　そして2005年頃には「Web2.0」という言葉が一世を風靡した。「ソーシャル
メディア」という言葉が使われはじめるようになったのも、ほとんど同じ時期
である。前年にサービスを開始した mixi が社会現象となり、2000年代の後半

には SNS が本格的に普及した。また、創作支援のアプリケーションや動画共有サイトなどのプラットフォームによって、個人による情報発信や表現活動の裾野が広がり、ネット特有の二次（N 次）創作文化も開花した。

　「侍魂」の管理人もまた、大学卒業とともに更新を停止した。当時はまだ、個人がインターネットを使って「マネタイズ」するのが難しかったという。その後、ブログや SNS には手を出していない。彼は後年、「テキストサイトの人たちの文化は、自分でサイトの雰囲気も作り上げていくのが醍醐味みたいなところがあったので、用意されたテンプレートで書くブログは、なんとなく邪道に映って」いたといい、「あの当時は、自分たちでネットの中を作り上げていくというのがすごく楽しくて、「自分たちが主役」という感じが強かった」と振り返っている（NHK『平成ネット史（仮）』取材班 2021：71-72）。

（3）インターネットの中年化

　このように見てくると、インターネットという新しい技術の可能性を追求するうえで、相対的に古いメディアである「雑誌」や「日記」という形式が踏襲されてきたことがわかる。裏を返せば、インターネットの普及にともなって、「雑誌」や「日記」といったメディアのあり方自体が、根本的に変容してきたという面もある。

　もっとも2000年代以降のインターネット文化は、その商業化あるいは広告化によって大きく変わっていった。テキストサイト時代のリンク集は、管理人に対する読者の信頼によって支えられていたが、Google に代表される検索エンジンの日常的な利用は、アルゴリズムに対する信頼によって成り立っている。また、多くのウェブサイトでは現在、データマイニングなどの手法によって、アクセスを稼げるコンテンツが自動的に抽出されるようになっていて、たとえそれが不確かな内容であっても、検索エンジンの結果上位に表示されることなども問題視されている。

　評論家で翻訳家の山形浩生は、『STUDIO VOICE』1995年10月号に「インターネットの中年化」という文章を寄稿している。「すべてが終わりかけた頃になって、われわれは突然悟ったのだった。インターネットは、かつての荒々しい青春時代を終えてしまったのだ、と。あとは安定した肥大化をとげて、落

ちついた中年期を迎えつつ今世紀を終える」。なぜならば山形は、個人による双方向コミュニケーションの限界を予見し、「更新し続ける資本力とインセンティブをもった企業や団体のホームページだけが生き残る」と考えていた。「かつての何が飛び出すかわからないワクワクするような時代は終わった。この先続く道は、穏やかな、安定した、だが退屈な既知の道である」(http://cruel.org/studiovoice/netold.html)。このようなとらえ方は、1995年当時よりも現在のほうが説得力があるかもしれない。

■■■ 4. ┃ インターネットの閉塞感をこえて

とはいえ2010年代以降、あらかじめ見たいものや知りたいことを想定してウェブを検索するのではなく、SNSなどで断片的な情報に接しながら取捨選択していくという行動も、若年層を中心に広く定着した。電通総研が2016年におこなった調査によれば、10代女性に限っては、ファッションや芸能人・著名人などに関する情報収集を目的とする場合、検索エンジンよりもSNS検索を頻繁に利用するようになっている。しかも、15歳から34歳の男女にとっては、SNSで情報を発信している主体のうち、もっとも信頼できるのは「友人」であるという(天野 2017：223-239)。このような動向は、検索エンジンに対する信頼性の低下、一部のネットニュースやまとめサイトに対する忌避感などが影響している。

インターネット広告市場の拡大にともない、ニュースの内容に責任を持つメディアと、その流通を担うプラットフォームの境界が曖昧になり、いわゆる「フェイクニュース」が拡大するという事態も生じている(藤代編著 2021)。SNSのタイムラインもその生態系の一部をなしているとはいえ、検索エンジンやネットニュースのほうが、まるで新聞やテレビのように特権的な存在にみえる。それに対して、投稿者に対する信頼性に依拠して情報を取捨選択できるという点で、SNSは利用者にとってラジオ的といえるし、気軽に読み捨てられているという点で雑誌的ともいえる。インターネットが登場する以前、投稿文化に支えられた雑誌やラジオは、多くの若者にとって大切なメディアだったことを思い起こしておきたい。インターネットに限らず、新しい技術のなかにはこうして、古いメディアの特性が必ず組み込まれていることに注目してみよう。

また2000年代には、世界中で ZINE のリバイバルが起こった。インターネットが当たり前になったからこそ、1990年代とはまた違ったかたちで、その魅力が新たに発見されたのである。「モノとして完結すること、届くまでに時間がかかること、広がりすぎないこと。21世紀の情報環境のもと、こうした ZINE の特徴はすべて別の意味合いをまとうようになる」（ばるぼら・野中編著 2017：3）。個人に対する信頼に支えられ、読者が限定されているという点で、ZINE がインターネット初期の個人サイトに近いことは、その歴史からも裏づけられる。そして近年、いまいちど読者のコミュニティ形成に焦点をあてた「スロージャーナリズム」、あるいは「遅いインターネット」（宇野 2023）といった考え方も提唱されている。

　インターネット上では現在、寡占的なプラットフォームのメカニズムがますます複雑化している。中年化したインターネットの閉塞感を打開するための手掛かりは、その青春期のなかにあるのかもしれない。

（飯田　豊）

◆ 取り組んでみよう ◆

（1）Yahoo! Japan が公開している「HISTORY of the INTERNET──インターネットの歴史」〈https://history-of-the-internet.yahoo.co.jp〉などを使って、自分のインターネット利用の原体験は何だったのかを思い出し、同世代の他者と比較してみよう。また、インターネット利用の原体験について親世代にもインタビューし、それが当時どのような経験だったのかを聞いてみよう。

（2）濱野智史『アーキテクチャの生態系──情報環境はいかに設計されてきたか』（ちくま文庫、2015年、初版は2008年）を読み、同書で取り上げられているネットサービスをいくつか利用してみよう。それぞれのサービスがどのような思想や意図にもとづいて設計されたのかを、同書を参考に理解したうえで、現在の使われ方と比較してみよう。現在までにサービスの機能や特徴がどのように変わったのか、その理由も含めて考えてみよう。

 ブックガイド

松井広志・岡本健編著『ソーシャルメディア・スタディーズ』（北樹出版、2021年）：「ソー

シャルメディア」とは、実に厄介な概念である。そもそも社会との関わりなくしてメディア
は成立せず、社会的（social）でないメディアなど存在しない。「社交（social）」や「つな
がり」と言い換えることで、しっくりくるサービスもあれば、そうとは限らないものもある。
結局、マスメディアとパーソナルメディアの「どちらでもないもの」としてしか、その大ま
かな範疇を示すことが難しい。本書は、目まぐるしく変わるソーシャルメディアの潮流を無
闇に後追いするのではなく、むしろ歴史的な視点を積極的に導入しつつ、社会との関係を多
角的に検討している。

**佐々木裕一『ソーシャルメディア四半世紀——情報資本主義に飲み込まれる時間とコンテン
ツ』（日本経済新聞出版社、2018年）**：利用者に関する量的データのみならず、起業家の構想
や運営会社の収益を独自資料とする、インターネットの歴史書。利用者の行動を強く規定す
る「アーキテクチャ」と、事業者が編み出して社会的に受容された「収益モデル」に着目し、
ネット広告が産業化していく過程が詳細に跡づけられている。筆者によれば、スマートフォ
ンとアプリが定着した2010年代は、「人間主導の時代から技術主導の時代へ」の移行期とし
て位置づけられる。

【参 考 文 献】

天野彬『シェアしたがる心理——SNSの情報環境を読み解く7つの視点』宣伝会議、2017年。

ばるぼら『教科書には載らないニッポンのインターネットの歴史教科書』翔泳社、2005年。

ばるぼら・野中モモ編著『日本のZINEについて知ってることすべて——同人誌、ミニコミ、
　　リトルプレス　自主制作出版史1960〜2010年代』誠文堂新光社、2017年。

ばるぼら・さやわか『僕たちのインターネット史』亜紀書房、2017年。

藤代裕之編著『フェイクニュースの生態系』青弓社（青弓社ライブラリー）、2021年。

原田曜平『Z世代——若者はなぜインスタ・TikTokにハマるのか？』光文社（光文社新書）、
　　2020年。

稲田豊史『映画を早送りで観る人たち——ファスト映画・ネタバレ——コンテンツ消費の現
　　在形』光文社（光文社新書）、2022年。

釜本雪生・くぼうちのぶゆき編著『テキストサイト大全』ソフトマジック、2002年。

川浦康至・山下清美・川上善郎「人はなぜウェブ日記を書き続けるのか——コンピュータ・
　　ネットワークにおける自己表現」『社会心理学研究』14巻3号、1999年。

Net Travellers' Tribune 編著『ネット・トラヴェラーズ '95』翔泳社、1995年。

NHK『平成ネット史（仮）』取材班『平成ネット史——永遠のベータ版』幻冬舎、2021年。

竹田ダニエル『世界と私のA to Z』講談社、2022年。

宇田川敦史「検索エンジン・ランキングのメディア史——パソコン雑誌における検索エンジ
　　ン表象の分析」『マス・コミュニケーション研究』94号、2019年。

宇野常寛『遅いインターネット』幻冬舎（幻冬舎文庫）、2023年（初版2020年）。

カメラ 4

小型化するカメラ、端末化するカメラ

1. スマートフォンとカメラ

　現在、私たちの社会にはカメラが溢れている。駅やショッピングモールなどの公共の場所には防犯や安全確保のために監視カメラがそこかしこに設置されているし、事故などが発生した場合にそれを記録するためにドライブレコーダーを搭載している自動車も少なくない。また、スポーツの現場やコンサート会場にもそれを中継するためのさまざまなカメラがあるし、報道、広告、表現の場においてカメラをもちいて映像を記録・撮影することを職業とする人も多い。とりわけ、2019年に発生した新型コロナウィルス感染症の世界的流行において、カメラは私たちの生活において欠かすことのできないものとなった。感染防止対策としてリモート・ワークやオンライン授業が推奨・実施された。人との直接的な接触を避けるべく、私たちはカメラを通して遠く離れた人とコミュニケーションをとることを余儀なくされたのである。

　現代社会に遍在し、私たちの生活様式に深く関わっているカメラ。多種多様なカメラのなかで、私たちに最も身近でありかつ優勢なのはスマートフォンである（→第1章）。Apple 社が iPhone の発売を開始したのは2007年のことであった。それに続き、各社から発売されたスマートフォンは広く普及し、現在では数多くの人が所有している。総務省が発表している『令和4年版情報通信白書』によると、スマートフォンの世帯保有率は2010年に9.7％だったものが2021年には88.6％となっており、着実に普及していることがみてとれる。なかでも20代の保有率は2021年時点で95％となっており、ほぼすべての人がスマートフォンを保有していることとなる。現在販売されているほぼすべてのスマートフォンにはカメラ機能が搭載されている。その意味で、スマートフォンとは通話・通信機能を備えたカメラであるといえるだろう。誰もがスマートフォン

を携帯している現代とは、誰もが常にカメラを手にしながら生活を送っている時代なのである。

　また、マイボイスコム（株）が2021年に行った調査によると、「あなたは、直近１年間にどのような機器で写真（静止画）を撮りましたか（複数回答可）」という問いに対して、スマートフォンと回答した人は2013年には26.4％だった数値が2021年には76.1％に上昇している。それとは対象的にデジタルカメラと回答した人は2013年には66.9％だった数値が2021年には30.6％に下降している。MMD研究所が2018年にスマートフォンの利用者を対象に行った調査によると「あなたが写真撮影のために利用するもののうち、最も利用頻度が高いもの」としてスマートフォンと回答した人が87.7％、とくに10代、20代では90％を超える。スマートフォンに保存されている写真の枚数（性年代別、平均値）は、10代女性が最も高く2699枚、20代女性が2220枚、10代男性が1095枚、20代男性が852枚となっており、総じて女性の方が多く写真を撮影していることがみてとれる。撮影対象としては多い順に「友達・家族・恋人の（との）写真」「風景（海や山など自然なもの）」「風景（建物や街並みなど）」「文書や書類（メモ代わり）」「料理の写真」「ペットや動物の写真」「モノ・雑貨・花などの写真」「自撮り写真」となっている。この調査は、ほとんどの人にとって写真を撮る機器とは一眼レフやコンパクトカメラではなくスマートフォンなのであり、実際にスマートフォンをもちいて極めて多くの写真を撮影していることを教えてくれる。さらに、そうした写真は特別な機会だけでなく、日常的に身の回りの人や事物を多く写していることがわかる。

　このような、多くの人にとっては自明なことを改めて確認したのは、かつてカメラを用いることは特権的な行為だったからである。少し前までカメラは非常に高価で、使用するためには専門的な知識や技能が必要な機器であった。写真を撮るためには高価なカメラを購入しなければならなかったし、見栄えの良い写真を撮るためには絞りや露出、シャッター・スピードといった撮影技術に精通し、駆使できなければならなかった。だからこそ、カメラについての技術や知識を備えた職業的な写真家やカメラマンという地位が確かなものとしてあった。もちろん、今でも写真家やカメラマンは存在している。しかし、カメラを扱うことの特権的な地位や優位性は相対的に低くなっているといえるだろう。

というのも、カメラを扱うことを仕事にしているわけでも、趣味としているわけではない人びとが常にスマートフォンを携帯しており、スマートフォンをタップしてカメラアプリを起動すれば、絞りや露出を気にすることなく誰でも簡単に綺麗な写真を取ることができるからである。現在のように誰もがカメラを所有・携帯し、何時でも何処でも撮影ができるといった状況になったのは、それほど昔のことではない。現在のような状況が生じたのは1990年代のことである。

■■■ 2. | 小型化・自動化するカメラ：1990年代までのカメラの発展

　1990年代に「ガーリーフォト（女の子写真）」という流行があった（飯沢 1996、2010）。そのきっかけは、1995年に第四回写真新世紀で優秀賞を受賞した写真家の HIROMIX である。彼女はハイエンドの機器ではなく、安価な大衆向けの全自動コンパクトカメラ「コニカビッグミニ」を用いて、家族、友人、自らの姿といった身の周りの親密な日常を軽やかにとらえた写真作品を発表していた。彼女の作品は必ずしも優れた撮影技術が駆使されているわけではない。むしろ稚拙とでもいうべき素朴さを兼ね備えたものであった。しかし、そうした私的な親密さや素朴さこそが評価され、賞の受賞にいたった。その後、女性の写真家が相次いで注目されるようになり、彼女たちに憧れるアマチュアたちも現れた。「ガーリーフォト」とは、そのような現象である。しかし、この呼称は、男女区別なく誰もが写真を撮っている現在からみるといささか奇妙ではないか。なぜ撮影者が女性＝女の子であることがこれほど強調され、ひとつのジャンルであるかのように扱われなければならなかったのだろうか。

　少し時代をさかのぼってみよう。かつて写真はプロの写真家に撮ってもらうものであった。写真館に足を運んだり、あるいは出向いてもらったりして、専門的な写真家に撮影を依頼していたのである。正月、節句、盆といった年中行事、七五三、入学、卒業、結婚といった人生の節目となる行事のさいに人びとは盛装しポーズをとってカメラの前に立った。写真を撮ること自体が特別な行事だったのである。しかし、1950年代になると朝鮮戦争特需などをきっかけに業界は積極的にカメラのプロモーションをおこないはじめ、カメラ・ブームが

生じた。ただしブームのなかでカメラの世帯普及が進んでいく一方で、カメラを扱える層は限定されていた。カメラは現実的に購入可能な値段であったとはいえ、比較的高価であり操作の難しい機械だったからである。

　その後、1960年代から1980年代にかけてカメラ技術は小型化と自動化を軸に発展していく。1961年には、自動で露出を調整する機構を搭載した「キヤノネット」が発売された。写真の撮影にはカメラに取り込んだ光をフィルムに晒すこと、すなわち露出というプロセスがともなう。取り込む光の量が多すぎたり少なすぎたりすると、白く飛んだり黒く潰れたりして綺麗に写真を撮ることができない。これまで手動でおこなってきた光量の調整を自動でおこなう機構が採用されることで、誰でも露出の失敗なく写真が撮れるようになった。また、この頃には、それまでのロールフィルムよりも、円筒形の遮光ケース（パトローネ）に入れられた35mmフィルムの出荷量が上回るようになった。パトローネの採用により、フィルム装填のさいに誤って光に晒してしまうという失敗を避けることができるようになった。1975年にはフラッシュ内蔵の「ピッカリコニカ」、1977年には自動焦点（オートフォーカス）カメラ「ジャスピンコニカ」が発売されている。1980年代初頭には、こうした写真撮影に関するさまざまな設定を自動でおこなうコンパクトカメラが多種多様に販売され、カメラは広い層に浸透し気軽に扱えるものになっていった。写真はもはや撮ってもらうものではなく、自分で撮るものとなった。それにともない撮影の機会も変化していく。年中行事や人生の節目だけではなく、家族の旅行や遠足、子どもの運動会といった家族の行事などで写真が撮られるようになっていったのである。

　カメラの大衆化のひとつの到達点が1986年、いわゆる「使い捨てカメラ」の登場である（「写ルンです」）。「使い捨てカメラ」——正確には「レンズ付きフィルム」である——とは、フィルムを内蔵した状態で販売されるカメラのことで、利用者はシャッターを押したあとそのまま現像に出せば、写真を手にすることができるというカメラである。比較的高感度のフィルムを採用することで、シャッター速度や焦点を固定した簡易なつくりでありつつも、手ブレや露光不足といった失敗を避けることが可能となっている。コンパクトカメラや「使い捨てカメラ」の登場によって、世帯ごとではなく個人でのカメラの所有が可能になり、小さな子どもや高齢者といった機械の扱いに苦手意識を持っていた人び

とでも簡単に写真が撮れるようになったのである。

　その一方で、1981年には、馬場憲治『アクション・カメラ術』（ベストセラーズ）が出版され、ベストセラーとなった。副題は「盗み撮りのエロチシズム」。著者は、写真の楽しみをプロではない人びとに指南するために本書を書いたとしているが、その内容は女性のエロティックな姿を相手に気づかれず巧みに撮影する方法を指南した、いわば盗撮の手引書である。いまでは信じがたいが、こうした書籍がベストセラーになったのである。カメラを駆使して女性の身体を窃視的に楽しむという欲望は、当時の TV コマーシャルにも見ることができる。たとえば1982年に公開された PENTAX の TV コマーシャルである。冒頭、アイドルの早見優が水着でシャワーを浴びようとしている。次のショットでは、カメラを構えた男のシルエットが登場し、次いで早見の姿が静止画で次々に写し出されていく。この男性は早見の水着姿を盗撮しているのである。明らかに男性をターゲットにしたこのコマーシャルでは、カメラを覗き見のツールとして提示することが視聴者の購買欲を掻き立てるとみなされていたのである。この二つの事例は、カメラの普及の一方で、撮影の主体は男性であるという意識が根強く残っていたことを教えてくれる。

　もちろん、女性が写真を撮っていなかったわけではないし、女性をターゲットにした広告も少なくなかった。特に1990年代に入ると、女子高校生を中心とした若い女性が日常的にカメラを持ち歩き、親しい友人同士で会話を楽しむようにとりとめのない写真を撮りあい、焼き増しして交換しあうことがブームとなる。1995年に HIROMIX が身近な日常を撮影した写真で写真新世紀の優秀賞を受賞した時、彼女は高校を卒業したばかりであった。1980年代以降のコンパクトカメラや「使い捨てカメラ」の普及は、これまでカメラの担い手とみなされてこなかった女性が撮影主体となることを可能にした。「ガーリーフォト」とは、こうした状況を、男性が撮影主体であるという固定観念に基づき評価したゆえの呼称なのである。

　女子高校生を中心にブームとなった「プリント倶楽部」、通称「プリクラ」が登場したのも1995年のことであった。カメラとプリンターが内蔵された撮影ブースのなかで友人と一緒に自分たちの姿を撮影し、シールに印刷された写真が出力される。ただセルフポートレートを撮影するのではなく、スタンプやペ

ンタブレットによる落書きによって模様をつけたりフレームを選択したりする。プリントされたシールは友人と交換し、プリクラ帳と呼ばれた手帳にコレクションされていくこととなる。「プリクラ」は何かの記念のために撮影するというよりは、撮影すること自体が娯楽であり目的となる。90年代においてカメラを扱うことは日常的で気楽な行為となったのである。

3. 融合するカメラ：2000年代以降のカメラ

　1990年代においてカメラは小型化と自動化の帰結として写真の大衆化を推し進めていった。この傾向に拍車をかけたのがカメラのデジタル化である。一般向けのデジタルカメラの最初といわれる「QV-10」がカシオから発売されたのが1995年、さらに2000年にはシャープが発売した「J-SH04」において携帯電話にはじめてカメラが搭載された。

　デジタル化は撮影にかかるコストを大幅に下げた。かつてはフィルムの購入、現像・焼き増し、写真アルバムの購入などが必要であった。それに対し、デジタル化以降は、一度カメラを購入してしまえば、あるいは携帯電話やスマートフォンを所有していれば、撮影や保管に費用はかからない。また、一本のフィルムあたりの撮影枚数が限定されていたフィルム時代とは異なり、デジタル化以降は、容量が許す限りほぼ無制限に撮影することができる。それゆえ、それが撮影する価値がある被写体かどうかを残りの枚数を鑑みて思案する必要はなくなり、被写体の多様性は一挙に拡大していくこととなる。デジタル化は、年中行事や人生の節目、家族の行事だけでなく、私的で些細なものが撮影の対象となっていく1990年代の状況をさらに加速させたのである。

　しかし、スマートフォンの普及は、1990年代のカメラの大衆化とは異なった状況を生じさせている。それは、カメラが独立した機器ではなく、他のデバイスと融合するようになったという点である。カメラが搭載されているとはいえ、スマートフォンは撮影に特化した機器ではない。スマートフォンは、ネットワークに接続し情報を入出力することができる電子端末である。

　カメラがモバイル端末と融合したということは、スマートフォンによる撮影行為がSNSをはじめとするウェブ上での写真の共有と不可分であることを意

味する。Facebook、Twitter、Instagram などをはじめとする SNS は、個々人が自らのアカウントからさまざまな情報を発信することで、他者と緩やかなつながりを形成し、コミュニケーションを醸成していくためのサービスである。カメラの大衆化が一定の達成を見た1990年代において「使い捨てカメラ」や「プリクラ」で撮影された写真は、比較的、親密で私的な関係性のうちで共有されていた。それに対して、スマートフォンという端末で撮影された写真は、非公開に設定していなければ SNS を通じて親密で私的な関係性の外部へと広く拡散していく。SNS では自らを発信して他者と広く共有することが求められる。SNS には、個々の投稿に対して共感や好意を示すための機能が搭載されている。Facebook の「いいね！」や Twitter や Instagram の「ハートマーク」がそれである。自らが SNS に投稿した内容に対して、友人あるいは見ず知らずの他人から共感や好意をもらい評価されれば承認欲求が満たされ、それを気持ちよく思う人もいるだろう。

　スマートフォンという端末化したカメラは、撮影だけではなく写真の共有を可能にした。個々人が所有する端末からウェブ上にアップロードされる写真の数は爆発的に増加し続けている。膨大な数の映像がオンライン上に堆積し、巨大な集積体＝アーカイブを形成しているのである。スマートフォン（あるいはパソコン）という端末は、映像アーカイブに接続することで映像の投稿・共有と事後的な検索・閲覧を可能にするという役割を担っている。映像アーカイブに登録された映像は、いつ誰に見られるかわからない。かつて自分の写真とそれを見る人は限定されていた。しかし、映像アーカイブに登録された映像は、当初とは異なる文脈において事後的に発見される可能性に開かれているのである。実際、スマートフォンで撮影した個人的な映像が報道番組やニュースサイトで使われることも少なくないし、撮影した写真が広告として機能することもあるだろう。何かの事件や災害に出くわした時に撮影した映像が証拠として使われることもある。私たちは、気づかぬうちに報道カメラマンや広告カメラマン、あるいは監視カメラになっているのかもしれない。

4. スペクタクル化する世界

　現代、多くの人がスマートフォンを常に持ち歩いており、そこには当然のごとくカメラが組み込まれている。ポケットに入るほど薄く小さいスマートフォンを使って、絞りや露出、シャッタースピードなどを気にすることなく、なんのてらいもなく撮影を行っている。しかし、かつて、カメラを所有し撮影することは特別な行為であった。高価で複雑な操作を必要としたカメラはその担い手と使用機会を制限していたのであり、だからこそ写真を撮る／撮ってもらうということ自体が特別な行事だったのである。今のように誰もが気軽に写真を楽しむことができるようになったのは1990年代のことであった。技術的な発展によってカメラが小型化・自動化していき、安価な使い捨てカメラやコンパクトカメラが普及していく。そのことによってそれまでカメラの担い手ではなかった人たちにもカメラが普及していくとともに、日常的で些細な事柄が撮影対象として発見されていったのである。しかし、デジタル化を経た現在、カメラは1990年代以上に爆発的に日常の中に広がっている。

　スマートフォンの普及は、必ずしも写真を撮影することに特別な関心を持っていない人も含むほとんどすべての人が常にカメラを携帯しながら生活を送るという、これまで人類が経験したことのない状況を生み出している。そうしたカメラの遍在は、いわば世界のスペクタクル（見世物）化とでもいうべき状況を生み出している。『アクション・カメラ術』やカメラの TV コマーシャルがあからさまに描き出していたように、カメラは撮影者と被写体とのあいだに「見る主体（男性）」と「見られる客体（女性）」という非対称的な関係を作り上げてきた。もちろん、誰もがカメラを持ち、むしろ女性の方が多く写真を撮影している今日的状況においては「見る主体」＝男性／「見られる客体」＝女性という図式は今日においてそれほど有効ではない（田中 2016）。

　しかし、カメラが「見る主体」／「見られる客体」という関係を作り出すことは今日においても変わりはない。私たちは些細な日常に特別な意義を見出し、時に人の目を惹きつけるべく見栄え良く撮影・加工を行っている。常時カメラを携帯するという生活様式において、私たちは、あらゆる日常を——時には撮影者自身をも——視覚的な悦びに奉仕するべく、スペクタクル（見世物）へと

変えていくのである。2017年に流行した「インスタ映え」、あるいは「映える」という言葉は、スペクタクル化する日常を端的に表す言葉である。

　フランスの思想家・活動家であるギー・ドゥボールは、1967年に刊行した著書において、マスメディアがあらゆる現実をスペクタクルに変え、大衆は商品化されたスペクタクルをひたすら受動的に消費していく様を論じていた（ドゥボール 2003）。そうした社会において人々はいやおうなく「観客」であるしかない。政治、災害、戦争などはマスメディアによって映像として提示され、人々はまるで映画や演劇をみるがごとく見世物としてそれらを見物するのである。

　今日において人々はマスマディアが作り出すスペクタクルの単なる受動的な消費者ではない。端末化し小型化したカメラを駆使し、身の回りの日常を「映える」ように美化して撮影・共有することで、自ら進んで身の回りの日常のスペクタクル化に従事するのである。他方、現代文化には、こうした生活様式を前提に設計されているものも多い。「インスタ映え」する料理が話題となり、フェスでは多くの人がステージにカメラを向け、アートイベント（→第7章）では作品が撮影スポットとなる。誰もがカメラを携帯しているという状況は、現代文化を支える条件にもなっているといえるだろう。

（林田　新）

◆ 取り組んでみよう ◆

（1）親世代が撮影していた写真、あるいは「家族アルバム」についてインタビューを行ったり、現物を見せてもらったりして、どのような機会に、どのようなカメラを使って、どのような写真を撮影していたのかを調べてみよう。

（2）本書に掲載されている論文を参考にしながら、現代文化とカメラとの関係について、とくにスペクタクルという観点から、ポジティブ／ネガティブな側面をそれぞれ自分の考えを書き出してみよう。

 ブックガイド

大山顕『新写真論——スマホと顔』（ゲンロン、2020年）：スマートフォンと SNS の登場が写真をどのように変えたのかについて論じた一冊。写真の歴史にも目を配りつつ、スクリーンショット、自撮り、家族写真など幅広い事象が、著者の個人的な体験を交えつつ読みやす

い文体で論じられていく。

レフ・マノヴィッチ（久保田晃弘、きりとりめでる編訳）『インスタグラムと現代視覚文化論——レフ・マノヴィッチのカルチュラル・アナリティクスをめぐって』（ビー・エヌ・エヌ新社、2018年）：メディア理論家のレフ・マノヴィッチがインスタグラムを軸に現代的な写真イメージのあり方について論じた論考「インスタグラムと現代イメージ」を訳出するとともに、現代の視覚文化を論じる9本の論考を掲載。デジタル化以降の写真イメージの研究について幅広く、かつ深く知ることができる一冊。

【参 考 文 献】

飯沢耕太郎編『シャッター＆ラヴ——Girls are dancin' on in Tokyo』インファス、1996年。

飯沢耕太郎『「女の子写真」の時代』NTT出版、2010年。

ギー・ドゥボール（木下誠訳）『スペクタクルの社会』筑摩書房（ちくま学芸文庫）、2003年。

田中東子「〈スペクタクル〉な社会を生きる女性たちの自律化とその矛盾」松本健太郎編『理論で読むメディア文化——「今」を理解するためのリテラシー』新曜社、2016年。

馬場憲治『アクション・カメラ術——盗み撮りのエロチシズム』ベストセラーズ（ワニの本 ベストセラーシリーズ）、1981年。

ファッション 5

独自性の主張から共感的な同調へ

1. ファッション業界の再編成とファッション現象の不可視化

（1）技術革新とファッション業界の変化

　2020年１月に顕在化したコロナ禍において、対面でのコミュニケーションの機会は緊急事態宣言以降、明確に制限された。旅行のみならず、会食や対話もままならない状況が続いた。よそ行きの高級服の売上げは落ち込み、大手アパレル、中小アパレル製造業、大手百貨店（→第14章）などに影響が及んだとされる（『日経ビジネス』2021.05.24、記事の最終閲覧日はすべて2023.7.30）。

　一方でファッションビルの老舗であるパルコは、地方の不採算店舗を閉店させながらも、渋谷駅前の再開発に合わせて渋谷パルコ（→第14章）を2019年11月にリニューアルした。その直後、コロナ禍に見舞われたが「UX」（ユーザーエクスペリエンス）の追求によって、着実に売り上げを伸ばしていった（『日経クロストレンド』2021.01号）。

　「DX」（デジタルトランスフォーメーション）の方向に大きく舵を切るなかで、実店舗の重要性も見直された。EC系リテールのZOZOは2022年12月、表参道に「niaulab by zozo（似合うラボ）」をオープンし、オンラインとオフラインを組み合わせた購買体験の新しさを提示している（『日経ビジネス』2022.12.05号）。

　従来、ショーで行われていた新作スタイルの見せ方にも変化が生じた。2022年３月24日から27日にかけて、メタバースファッションウィーク（通称MVFW）が開催された。このショーはディセントラランド内で行われ、ドルチェ＆ガッバーナなどの高級ブランドや日本人デザイナーのアンリアレイジの森永邦彦が参加した。

　森永は「物理的なファッションだといろいろ制約がありますが、デジタルであればAIでその人の個性を分析してより近しいアバターをつくることもでき」

るし、「理想を反映したルックスにもでき」、「従来とはまったく違う可能性、装いの新しいあり方が生まれてくるだろう」（DIGITAL SHIFT TIMES「注目を集める「ファッション×メタバース」。アンリアレイジの挑戦を追う〈前編〉」2022.6.17公開 2023.05.02最終閲覧）と語っている。

　メタバース上で創造された服はアバターの着衣として仮想通貨を用いて売買される。アンリアレイジは2021年に公開されたアニメーション作品である『竜とそばかすの姫』の主要キャラクターである「すず」のアバター「ベル」の衣裳を作成した。ちなみにNFT（Non-Fungible Token）とは、「あるものが本物であると、デジタル情報を活用して証明するデータ、あるいはその技術」のことで、複製困難でありかつ「たった一つしかないことを証明するデジタル版鑑定書」のようなものである（デジタル版『日本大百科全書（ニッポニカ）』、矢野武、2022.10.20）。そんなNFTつきの「ベル」の衣裳は、他のデジタルルックと合わせて5000万円でNFT鳴門美術館が落札したという（『日経TRENDY』2022.06号）。

　Fashion Studies® が開催した勉強会「AIによるイラスト、デザイン画作成の現時点」に登壇した株式会社モノゴコロの川又龍人は、生成AIをツールとして使用し第33回ザッカデザインコンペティションにて靴のデザイン画で大賞を受賞した経験を語った。審査員には、複数のアパレル関係者が参加しており、川又の作品は広義のファッションデザインとしても評価されたことがわかる。

　またSEVESKIG（セヴシグ）のデザイナー長野剛識は、2023年SSのファッションショーで今敏監督のアニメ作品『Perfect Blue』(1998) とコラボレーションしたスタイルを発表した。アイテムに付されたグラフィックをアプリである「ARTIVIVE」で見ると、AR画像（AR：Augmented Reality 拡張現実）が楽しめるという仕掛けがあり、仮想的なものを現実のなかに現出させる工夫がなされている。2023-24AW のショーでは、同じ今敏の『パプリカ』(2006) の世界とネイティブアメリカンのイメージを生成AIで融合したデザインを中心にした。

　コロナ禍を経て服の売り方、見せ方、作り方には大きな変化が起きた。しかし、これらの服を享受する人びとはどこにいるのだろうか。

（2）不可視化する若者のファッション現象

アパレル企業がオウンドメディアを活用しWebとの連結を強めるなかで、

ファッション情報を発信してきたメディアである雑誌は休刊したり、Web マガジンへと活動の中心を切り替えたりしている。『mer』（学研パブリッシング）は2019年、独立系メンズファッション誌の『SENSE』（株式会社センス）は2022年、『Popteen』（角川春樹事務所）は2023年に Web マガジンへ置き換わった。多くのモデルを輩出してきた『Seventeen』（集英社）も2021年に季刊となり Web コンテンツへと漸次移行している。そして、赤文字系雑誌の草分けである『JJ』（光文社）も2020年12月に休刊を決めた。

　ファッション情報を得るメディアはファッションアプリや SNS が主流となった。ZOZOTOWN やメルカリは購買の利便性を高め、WEAR. などのアプリはコーディネートを簡便に参照できるようにした。そして Instagram、You-Tube、TikTok といった視覚優位な SNS は、自宅にいても気軽に外部とつながることができ、娯楽性も高かった（『日経パソコン』2021.09.27）。それらの SNSで活躍する有名人（インフルエンサー）たちのスタイルは、若者の着こなしのお手本となっている。特に韓国系芸能人のスタイルは現代の若者の心をとらえ「Y2K」（2000年代前後に流行したファッション）という標語も生み出された。若者たちの多くは、Web のなかで情報を集め、影響を受け、モノを買っている。コロナ禍においてはその傾向が加速したのである。

　Web 空間で「新しい」過去も現れた。「Y2K」の一環として90年代後半の女子高生のスタイルがリバイバルし、休刊していた『egg』が改めて2019年に創刊された。また「新しい」アナログも脚光を浴びている。BeReal. という SNSでは、投稿可能通知から２分以内に写真を撮影し、投稿しなければならないというルールがある。そのため撮影された写真を、自由自在に加工することができない。「盛る」ことに疲れた若者たちが、そこにリアリティを求めて集まっていると語られる（『日経 TRENDY』2023.06号）。

　集合現象としての若者ファッションは過去に比べて目につきにくくなっている。しかし、ディズニーリゾートなどのテーマパークや SNS 内のショート動画や写真を通じて、いきいきとファッションを楽しんでいる若者たちに出会うことができる。若者の「ファッション離れ」は、コロナ禍によるコミュニケーション機会の減少、少子化や経済成長の停滞、「推し活」等の趣味消費の増加による可処分所得の消費配分の変化、SDGs 意識の浸透、ファッション観察者

の高齢化、社会的ゾーニングの影響など多側面から考察される必要がある。

　だからこそストリートのなかでファッションする若者たちがよく観察できた90年代の「渋谷」と「原宿」のファッションを遡ってみよう。

■■■ 2. 類似の中の独自性を目指す「90年代ファッション」

（1）ファッションの混沌の舞台としての渋谷

　ACROSS編集部（1995）によれば、1990年代のファッションは「混沌期ともいえる見通しにくい状況」の反映として「さまざまなスタイルがストリートに共存する時代、さらにいうとトレンドのない時代」だという。それを示すようにACROSS編集部が2021年に刊行した『ストリートファッション1980-2020定点観測40年の記録』では、年代ごとの特徴を明記することを諦め、スタイルごとに盛衰を記述している。年代論的に若者のファッション現象をとらえることができなくなったことによるものだろう。

　「90年代ファッション」の出発点とされるのが「渋カジ」である。「渋谷カジュアル」の略語であり、渋谷で遊ぶ若者が着ていた「シンプルで飽きのこない定番アイテム」によるスタイルを指す。時期ごとに変化は大きいが、おもにストライプシャツ、ジーンズ、ネイビーブレザー、ワークブーツなどがもてはやされた。「渋カジ」は1988年頃に出現し、1990年代初頭に最盛期を迎え、91年頃には拡散した。そのプロセスのなかで、「フレカジ」（フレンチカジュアル）「キレカジ」（キレイめカジュアル）などの亜種も登場した。

　当然「渋カジ」に共通する特質を抽出することは難しい。品の良さ、80年代のDCファッションへの反発、一点豪華主義など「渋カジ」は、観察した時期や場所、年齢層、そして、観察者の知見の厚みによって、いかようにも名づけうるものだったからだ。「渋カジ」という言葉が含む渋谷地域は広かった。現在の再開発された渋谷地域とは異なり、様々な高さのビルや住宅が混在した渋谷には、ブランドの旗艦店、雑貨屋、古着屋など雑多さに満ちた小規模な店舗も多彩に存在した。この店舗形態の混沌が「渋カジ」の多様性に対応していた。

　バーニーズニューヨーク新宿店（1990）、アクアガール（1994）など「セレクトショップ」も人気になった。もちろん色々なブランドを集めて販売する店は

過去にもあったが、欧米の新進デザイナーらの服を基幹として、セレクトセンスの清新さを主張したのが90年代の「セレクトショップ」である。多様なアイテムを少数置くこれらは独自性を求める若者の希望を反映していた。

　独自性の追求は「古着ブーム」にも結実した。一点一点来歴の違う古着の固有性に注目が集まった。高価なヴィンテージジーンズのみならず、女性向けの古着も現れた。「青文字系」雑誌の一角である『Zipper』（祥伝社）には、当時の「古着ブーム」の姿が映し出されている。「Fashion Footwork Magazine」と銘打たれたように、『Zipper』は街のスキマに点在する古着屋を足で丹念に拾い上げた。1993年11月号では、下北沢、高円寺、西荻窪、町田といった地域にある古着屋を多数紹介している。「リサカジ」（リサイクルカジュアル）とアクロス編集部（2021）が命名した和製グランジスタイルなど、「古さの新しさ」が発見された。

　渋谷には同一の集団への帰属を示す学校制服すら独自なものとするスタイルも登場した。森伸之（1998）によると、「80年代中期に始まった制服のモデルチェンジブーム」によって、「ひざ丈タータンチェックのスカートにハイソックス」というスタイルが、女子高生のあいだに普及したという。この標準的なスタイルを独自のものとするために、「スカートの丈をもっと詰めて」みたり、「Lサイズの紺セーターをはおって」みたり、「ラルフローレンやチャンピオンなどの厚手のソックスを足元でクシュクシュとたるませ」たりして、高校生による新しいスタイルが生み出された。以後、「スカートがどんどん短くなるのと並行して、ルーズソックスのボリュームも果てしなく増大」していったという（図1）。

　女子高生たちは当時「コギャル」と呼ばれた。しかし、「コギャル」のルーツは複雑で、1992年に登場した「パラギャル」が元祖とされる。

〈1998〉

グレーのブレザー

実はこの制服も
もうすぐモデルチェンジ

まだまだ多い
ルーズソックス

渋谷女子高校

図1　旧・渋谷女子高校の代表的制服スタイル（森 1998）

1993年6月には『週刊SPA！』で、はじめて「コギャル」という言葉が用いられ、その後、新聞記事でも、TV番組でも使用されることで全国区になったと『バブル80'Sという時代』（アスペクト）には書かれている。しかし、「パラギャル」由来のスタイルと、女子高生のスタイルとは、担い手、コーディネートのあり方、集団としての強度などについて区別が必要である。荒井悠介（2023）による当事者たちへの聞き取り調査は、その貴重な学術的研究の到達点であり、「コギャル」とは別のイベントサークルの女性の担い手（「ギャル」）が身にまとったファッションについて言及されている。

　彼女たちのスタイルを商業化したのは東急百貨店のファッションビルである。1989年に「SHIBUYA109」と名称を変更し、1995年頃から「ギャル」向けファッションを強化していくようになった。エゴイストやココルルといったブランドのショップアドバイザーは「カリスマ店員」と呼ばれ、「ギャル」に憧れる女性たちの着こなしの模範になった。またギャルスタイルをアイデンティティとして『egg』（ミリオン出版、現大洋図書刊行）が創刊された。

　ギャルスタイルが安室奈美恵のようなアイコンによって大衆化していくのは90年代後半である。この動きは「SHIBUYA109」の地方展開と、2000年代に入ってのファッションセンター「しまむら」などでのギャルテイストファッションの提供などによって広範な層に拡がっていった（荒井 2023）。

　渋谷にはもちろん、これ以外にも多くのファッションテイストが観察されている。重要なのは、類似していながらもひとつの集合行動というには個々の独自性が強いファッションに満ちていたという事実だ。だからこそ「渋谷」という場所的なキーワードでしかまとめることができなかったのである。これは次にみる「原宿」も同様だった。

（2）個性が共演する舞台としての原宿

　原宿にも多くの若者が集まり、多彩なファッションがみられた。坂本みつわ（1990）によれば、1980年代末のバンドブームの延長に「バンドファッション」が原宿に登場したという。歩行者天国では、1987年頃を頂点として、ストリートライブが盛んになっていたが、「彼らが自分でギターやドラムで表現するとき、それなりに反抗・愛・真実といったフンイキを醸し出すにはファッション」は

欠かせず、「自己表現の多層性」の道具として用いていた。いわば《ヴィジブル・ミュージック》（音楽ジャンルの視覚化）的演出のひとつとしてのファッションだった。「顕著なオトモダチ意識はストリートファッションをますます過激におもしろくさせている」と証言されているように、このスタイルはファンへと感染して、ストリートへ漏れ出していた。

　坂本によると、彼ら／彼女らは「画一化という凡庸さを嫌って、これぞキワメッケ・オリジナル一点ものの、インディーズデザイナーの服や小物を売る、"ハイパー・オン・ハイパー""マット・ギャラリー"あたりのショップ」に集まったという。この「ハイパー・オン・ハイパー」は、ラフォーレ原宿が1986年に開始した新機軸の店舗だ。インディーズシーンを反映したような独自性の強い小規模メーカーを集積したところに強みをもっていた。

　『CUTiE』（宝島社）はこの傾向を読み、1989年11月号より月刊化に踏み切って人気をさらった。月刊化2号（12月号）では、特定の音楽ジャンルを象徴するスタイルを特集している。ファッションスナップもライブハウス周辺でおこなわれ、音楽を視覚化したスタイルを特集している。

　ロックやパンクのみならずヒップホップやレゲエなど音楽ジャンルにインスパイアされたファッションが多数生まれたのも90年代ファッションの特徴である。『Smart』（宝島社）などには、ミュージシャンがファッションモデルとして現れ、音楽とファッションの相互作用の強まりがみてとれる。

　音楽をはじめとしたカルチャーに触発されたデザインでスタイルの独自性を主張する若者たちが原宿に集まった。1989年に UNDERCOVER を立ち上げた高橋盾や一之瀬弘法などもその一例である。『BIBLe X』（夏目書房）によれば高橋と一之瀬の初期作品は「パンク色が強く独自のスタイルにこだわる」テイストだったという。自身が好むカルチャーにインスパイアされたデザイナーたちは、表参道から裏道へ入った神宮前3・4丁目あたりに店舗を構え、少数限定でアイテムを生産した。そして、その交友関係や趣味とするカルチャーがメディアにとりあげられたことで「裏原宿」のイメージが定着した。少数生産で仲間たちに配りあっていた服は、それゆえにプレミア性を帯びた。希少性と独自的なセンスを求めて UNDERCOVER や A BATHING APE、NEIGHBOR-HOOD などの店舗に若者は行列した。「裏原宿」のスタイルは同時期に沸騰し

ていたエアジョーダン人気などに代表されるスニーカーブームなどと連動して裏原宿ファッションを演出することとなった。デザイナーが関心を寄せるカルチャーが引用され、スケーターカルチャー、マニアックな映画、クラブムーヴメントなどあらゆる大衆文化がデザインとして織り込まれた。

　原宿独特のインディーズファッションは1990年代後半に盛りあがった。個性的過ぎて一般の流通には乗らないようなスタイルの若者たちが多数みられた。こうした若者たちが路上に登場した背景には1996年から段階的に始まった歩行者天国の廃止が影響しているのかもしれない。20471120や卓矢エンジェル等のインディーズテイスト溢れるブランドが注目され、それを着る若者たちがストリートにあふれた。これらストリートの沸騰を記録し、広く伝えた雑誌に『FRUiTS』（青木正一）、『KERA』（ジェイ・インターナショナル）があった。『KERA』のVol.2（この号は『KEROUAC』表記）では、どのジャンルにも分類できないような若者たちのスナップが多数掲載された。同号の「路上のデザイナーたち 特集」などは、インディーズ志向の高まりを反映していた。無秩序のようにみえながら特定の時代や文化の類似性をつなげるスタイルは「リミックス」ないしは「サンプリング」感覚として、並行して流行していたクラブミュージックやヒップホップなどの技法にちなんだ比喩でとらえられた。

　渋谷と原宿には服装の独自性を強調しようとする若者が多くみられた。80年代との違いは、ドレスアップ傾向とは異なるドレスダウン傾向、オリジナリティ感覚よりもリミックス感覚優位、メジャー志向ではなくインディーズ志向だと述べられることがある。この変化については、2000年代、2010年代も含めて対比してみると、新しい発見があるかもしれない。

　それでも若者は店舗をめぐりながら同じスタイルの仲間に出会い承認と賞賛を与え合い、あるいは顕示を競った。類似した服装で関心の共有を視覚化してはいるが集団としての意識は薄い「90年代ファッション」は、渋谷と原宿という二つの場所で形成された緩やかなコミュニティだったといえないだろうか。

■ 3. 独自性志向から共感的同調へ

（1）独自性志向と標準化

2000年代に入り、服を提供するアパレル業界のなかに変化が現れた。ひとつ
は、1998年に登場したユニクロ原宿店と、1999年に神宮前交差点付近のティー
ズ原宿内にオープンしたGAP原宿店だ。リーズナブルでスタンダードなアイ
テムを主力とするSPA（Speciality Store Retailer of Private Label Apparel：製造から
企画・販売までを垂直統合したアパレル企業の業態のこと）で、どちらも2000年代に多
彩なカラーバリエーションで定番商品を安価に提供する姿勢が人びとに支持さ
れ、ブランド化に邁進しはじめた。

セレクトショップもまた、PB（プライベートブランド）商品の開発を進め、従
来のテイストを残しつつ、より安価な自社レーベルを駅ビルであったルミネや
郊外のショッピングセンター（SC）にオープンしていった。

2000年代において、1990年代の独自性志向は古さの方へ追いやられた。「リ
アルクローズ」というフレーズは、ベーシックなアイテムで構成したスタイル
を新しく見せるための呪文だった。奇抜さは薄まり、ファッションの標準化が
すすんだ。

企業側が独自性を追求する傾向に自ら歯止めをかけたのかというと、それも
また複雑である。POSデータ（point of sales：販売時点情報のことで、商品名や価格、
数量や購入時間の情報）を活用して売れ筋を把握し、それらに類似した商品の開
発を企業が積極的に進めた結果、店頭には似通った製品が並ぶようになったか
らである。消費者もまた標準化されたスタイルを歓迎したのだろう。「ノーム
コア」（普通をあえて演じ切ることがクールであるという発想のこと。Normal＋Hard-
core）という言葉は、それを価値づけするものである。

標準的アイテムのなかにファッション性を素早く取り入れる企業も2000年代
後半、人気になった。ZARAやH&Mなどの企業は「ファストファッション」
と呼ばれ、消費者の嗜好をすばやく掴むだけではなく、新たなトレンド商品を
月単位、週単位で店頭に並べることで新作提供のサイクルを攪乱した。

標準化によって服よりも人に注目が集まった。雑誌『CanCam』の専属モデ
ルであった蛯原友里は「エビちゃん」という愛称でブームになった。専属モデ

ルがファッションを推奨する記事が人気を集め、モデルのキャラクター性が訴求力をもった。2005年に始まった「東京ガールズコレクション」ではマネキン役に徹すべきモデルが、笑顔で観客に手を振り、積極的に個々のキャラクター性を打ち出す姿が印象的だった。海外の若手ハリウッドスターや「セレブリティ」たちのカジュアルスタイルも「セレブファッション」と呼ばれ人気になった。それらを紹介する『GLAMOROUS』（講談社）は2005年に月刊化、『GLITTER』（トランスメディア）は2004年に創刊された。

　一方で2000年代は「ガーリー」志向も強まった。男性に見られることを意識しながら服を選ぶのではなく、自分の趣味で選択する独立志向のスタイルの総称が「ガーリー」と呼ばれ、そこからはさまざまなテイストが分岐した。「かわいい」テイストを押し出した個性的ファッションは、2001年1月号として刊行された『ゴシック＆ロリータバイブル』（バウハウスMOOK、現ジョイ・インターナショナルMOOK）や、それらスタイルが登場する『下妻物語』『NANA』の映画化によって拡がった。mixiという日本のSNSのコミュニティから出現した「森ガール」と呼ばれたナチュラル志向のスタイルも「ガーリー」志向の一端だ。先述した『mer』が元は『古着mixガールズ』（学研パブリッシング）だったように、古着を取り入れたガーリースタイルも人気になった。

　「ガーリー」志向は独自性を目指すファッションの系譜に連なっている。これらは「原宿系」と称されることもあるが、渋谷のギャルファッションに連なるスタイルや、秋葉原のメイド喫茶の衣裳なども「ガーリー」のなかに加えられることもある。2000年代はファッションの標準化と独自性志向との交差が随所で見られた時代だったといえるだろう。ただ、これらの関係については、より実証的に明らかにされる必要がある。

（2）同調することで共感を示すという感性の「新しさ」

　東日本大震災でTwitterが注目され、2010年代半ばには画像編集型のSNSが普及した。Instagramは2014年に日本語版がリリースされ、2017年頃にはショッピング機能が充実し、動画機能が連結されることで、利用者の利便性を飛躍的に高めた。2017年に「インスタ映え」が流行語になり、リールなどのショート動画の機能が連結し、SNSは現実とシームレスにつながるようになった。

TikTok などのショート動画の SNS は投稿者の年齢も引き下げた。You-Tube など長尺の動画投稿はある程度の熟練が必要だったが、TikTok は比較的簡単に投稿できた。観る時間も短縮され、時間の隙間に動画が忍び込んできた。着こなしを指南するインフルエンサーたちも、ショート動画の投稿を効果的に利用した。ファッション情報は、アカウント同士の網目を縦横に流れていくようになった。たとえば、資生堂の美容部員たちの Instagram アカウントがまとめて登場したのは2021年 7 月のことであり、インフルエンサーマーケティングに特化した情報拡散が一般化したことを示している。

　ファッションスタイルは、SNS を検索することで無数に提供されるようになった。こうした SNS でのつながりはコミュニティの意識を強めているように見える。「共感」というキーワードが注目されているように、積極的な同調に新しさをみる感性が語られるようになった。あるスタイルに「寄せる」ことは「共感」（＝「エンパシー」）の身振りなのか否か、画一化された服装を好む若者のファッション行動を詳しく分析する必要があるだろう。

　現在、SNS での情報の伝播は、積極的に同調するといった能動的模倣によって伝播しているようにみえる。「量産型ファッション」やアイドルグループの舞台衣装にも類似のなかに能動的同調を見出す契機がある。「推し活」の際に、推している対象と同じ色を身につけて会場へと赴くという姿勢には、同調を共感として肯定的にとらえる感性が見て取れる。コロナ禍を経て SNS が現実とつながったことで、類似や同調といった「90年代ファッション」とは裏返しの感性が「新しさ」として見出されているのかもしれない。

　「Y2K」のなかでも90年代の女子高生スタイルがリバイバルした理由には、それらのファッションが同調の身ぶりが共感を示すように見て取れたからなのかもしれない。ただ、いずれファッションは共感すら時代遅れにして、新たなキーワードをつくり出していくだろう。

■■■ 4. ┃ ファッションをどうとらえるか？

井上雅人（2019）は「ファッションは、人間の姿を形づくるとともに、常に変化させていくことでもある」と述べ、「人間がどのように身体と付き合い、

自分を取り巻く世界を把握し、自分自身を形成し、世界と関係しているかについての理解の仕方」を「ファッションの哲学」と呼んだ。

　まさに、こうした見方を例証するかのような出来事がコロナ禍に起こった。対面でのかかわりを制限された人びとは、リモートツールを用いて遠隔での会話を求めたりして、方法を代替しながらもコミュニケーションの持続を模索した。たとえばマスクをみてみよう。ウィルスを含んだ飛沫から身を守る道具とみなされたマスクを、人はやむを得ず着用した。すると、人はたちまち自作して創造性を発揮したり、ポリウレタンなどによって快適性を追求したり、耳にかかる紐を工夫して着用時の機能性を高めたり、多様な色を選んで着用したり、装飾的なもので個性を出したりした。この事態は、かつて人類が裸体から布を着用したときの状況に似ているのではないだろうか。環境変化に対応して着用させられたマスクに人びとがどう向き合ったかを通して、井上のいう「理解の仕方」の一端がわかるだろう。

　コロナ禍の終息の見通しが語られると、マスクの着脱は各人の自由意志に任されるようになった。その際口元が性器のように隠すべき何かとなってもおかしくはなかった。「顔パンツ」という若者言葉もあるように（『週刊朝日』2023.01.27）羞恥心という感性の変容すら、コロナ禍で観察されたのである。

　コミュニケーションのあり方は、コロナ禍直前と同様に対面状況と Web 空間に二重化し、双方でのアイデンティティを操作する状況になっている。今後これらのアイデンティティの関係を考察することが必要となるだろう。相互行為としてのファッションは社会と人間の結節点であり、そこに付随する見かけの形式とその変化の動態を社会学的に考えることは、これからも重要な主題であり続けるに違いない。

（田中　里尚）

◆ 取り組んでみよう ◆

（1）親世代が若いころ（16歳〜25歳）にどのような服を着ていたのか、昔の写真などを一緒に見たり、思い出してもらったりしながら、その記憶を書き出してみよう。またその頃、どのような場所に遊びにいったか、そこにはどのような人がいて、どんな服装をしていたのかを聞いて、その記憶をマッピングしてみよう。また、その時期に、どのような有名人に関心をもっていたかを聞き、その有名人たちが登場していた媒体

を調べ、その服装について調べてみよう。最後に、文中のわからない単語を検索して調べたりそれぞれの情報を年表にしたりして、視覚的に整理してみよう。

（2）現在の自分の関心のある服装（装飾品、メイク、アイテムなど）を思い浮かべ、「そのスタイルがどのような名称で呼ばれているのか」について調べるために、普段使用しているSNSや、普段読んでいるファッション雑誌やサイトから、関連するものをすべて抜き出してみよう。そして、それぞれの言葉をSNSのなかでハッシュタグ検索をし、類似のスタイルを探してみよう。そして、その類似のスタイルをしている人のなかには、多くのフォロワーを集める有名人がいるのかどうかを調べ、もしいたとしたら、その有名人が自分のスタイルについてどのような感想を記しているのか、コメント欄にはどのような内容があるのか、頻出する言葉などに注目しながら整理してみよう。その上で、そのスタイルをしている人が現実にはどのような場所で観察できるのか、地域差や年齢層についても調べてみよう。

 ブックガイド

井上雅人『**ファッションの哲学**』（ミネルヴァ書房、2019年）：ファッションを衣服のことだけではなく「身体と物との関係のあり方によって、「私」や「私たち」が変化していくという認識」ととらえて、その観察の仕方を伝えてくれる書籍である。この「関係」は社会と個人の結節点にあり、その形式と変化を考えることがファッション研究の目的であり出発点であることを理論的に教えてくれる。

蘆田裕史・藤嶋陽子・宮脇千絵編著『**クリティカル・ワード　ファッションスタディーズ ——私と社会と衣服の関係**』（フィルムアート社、2022年）：ファッション研究のなかで近年注目されているテーマに沿って、理論と実態を結びつける試みを行っている書籍である。「ルッキズム」「文化の消費」「映画と衣裳」「ヴァーチャルファッション」「テクノロジー」「宗教と衣服」など、従来のファッション研究が取り逃がしていた分野で行われた研究成果も含んでいることが興味深い。

【参 考 文 献】

ACROSS編集部『ストリートファッション　1945-1995——若者スタイルの50年史』PARCO出版、1995年。

ACROSS編集部『ストリートファッション　1980-2020——定点観測40年の記録』PARCO出版、2021年。

荒井悠介『若者たちはなぜ悪さに魅せられたのか——渋谷センター街にたむろする若者たちのエスノグラフィー』晃洋書房、2023年。

別冊宝島編集部『ファッション狂騒曲』JICC 出版局、1989年。

藤田結子・成実弘至・辻泉編『ファッションで社会学する』有斐閣、2017年。

長谷川晶一『ギャルと「僕ら」の20年史——女子高生雑誌 Cawaii！の誕生と終焉』亜紀書房、
　　2015年。

井上雅人『ファッションの哲学』ミネルヴァ書房、2019年。

石田陽子ほか編『バブル80s という時代——1983〜1994TOKYO』アスペクト、1997年。

石山城編『BIBLe X——裏原宿完全ガイドブック』夏目書房、1999年。

北田暁大・解体研編著『社会にとって趣味とは何か——文化社会学の方法規準』河出書房新社、
　　2017年。

蘆田裕史『言葉と衣服』アダチプレス、2021年。

増田海治郎『渋カジが、わたしを作った。——団塊ジュニア＆渋谷発ストリート・ファッシ
　　ョンの歴史と変遷』講談社、2017年。

松谷創一郎『ギャルと不思議ちゃん論——女の子たちの三十年戦争』原書房、2012年。

森伸之「東京制服変遷史からみる女子校ブランドの系譜」『超コギャル読本——世紀末ニッ
　　ポンを駆け抜けたコギャルたちの正体！』宝島社、1998年。

難波功士『創刊の社会史』筑摩書房、2009年。

坂本みつわ「ストリートファッション——バンド、サイケ、エソテリックが中心モードに！」
　　別冊宝島編集部編『'90年はこうなる！と思う』宝島社、1990年。

L G B T 6

可視化する性的マイノリティ

1. LGBTブーム？

　LGBTという言葉を、最近よく聞くようになったと感じている読者も少なくないだろう。簡単に説明しておくと、LGBTとは、Lesbian（女性同性愛者）、Gay（男性同性愛者）、Bisexual（両性愛者）、Transgender（性別越境者）の頭文字からなる言葉である。LGBは、誰を好きになり、誰をパートナーとして暮らすのかというsexual orientation（性的指向）についての言葉で、Tは自分自身がどのような性別で生きるのかというgender identity（性同一性、性自認）についての言葉である。どのカテゴリーもライフスタイルを表す言葉といえる。この他にも多様な性的指向やジェンダー・アイデンティティをもつ人がいることを表すために、LGBTQやLGBTQIA……など、さまざまな言葉が存在している。

　これまで、LGBTをはじめとする性的マイノリティは、犯罪視されたり病気とみなされたりするなど、差別的に扱われることも多かった。性的マイノリティの社会運動は、同性愛に対する社会の偏見をホモフォビア、トランスジェンダーに対する偏見をトランスフォビアと名づけ、それらに抵抗してきた。

　LGBTという言葉がよく知られるようになった一方で、日本では他国と比べて性的マイノリティの人権に関する法整備が遅れをとっているという声もよく聞かれる。たとえば、2023年5月現在、同性同士の結婚（＝同性婚）は、2001年のオランダをはじめ、30を超える国・地域で認められるようになってきたが、日本ではまだ認められていない。日本でも多くの地方自治体でパートナーシップ条例が制定されているものの、法律上の「結婚」と比べてその効力は非常に限定的である。結婚しているカップルには、パートナーが亡くなった際の遺産相続をはじめとしたさまざまな権利が与えられているが、同性のカップルにはそれらは適用外なのである。もちろん、法律上の結婚はしなくてもよいと考え

る異性のカップルもいるだろう。「同性婚」制度を求める要求とは、同性のカップルにも異性のカップルと同様に、結婚するかしないかを決める自由を求めるものなのである（婚姻の平等）。そのほかにも、LGBTを含めたマイノリティへの差別禁止を定める法律が各国で制定されているのに対し、日本では2023年にようやく制定された法律（理解増進法）にも問題点が指摘されていることや、トランスジェンダーをめぐる法律の改正の遅れなども指摘できる（プライドハウス東京「世界のLGBTQ関連の法整備について知ろう！」などを参照のこと。https://pride-house.jp/world/legislation/）。

　ただし、このような流れは現在急に始まったわけではない。とくに、本書がテーマとする90年代は、日本でも性的マイノリティの運動が可視化され、現在の枠組みに至る考え方が広まっていった時代である。ただし、インターネットはまだ十分に発展しておらず、そうした情報は書籍や雑誌、対面のコミュニケーションを介して流通していた。その一方で、テレビなどでは性的マイノリティが笑いの対象や悲劇として描かれるなど、現在とは異なる扱いも多くみられた。また、とくにこの時期以降は、性的マイノリティのなかでもトランスジェンダーをめぐる社会の変化が大きかったのではないか。本章では、90年代以降の性的マイノリティをめぐる変化（第2節）と、そのなかでもトランスジェンダーをめぐる変化に着目（第3節）して考察していく。

■■■ 2. ｜ 可視化される性的マイノリティ

　本節では、性的マイノリティをめぐる変化について、当事者の文化と、社会運動のふたつに着目していく。ただし、日本の性的マイノリティの社会運動をめぐっては、歴史が掘り起こされている最中で（クィア・スタディーズ編集委員会編 1997、伏見 2004、飯野 2008、砂川 2015、石田編 2023など）、その全体像を描くことは非常に難しい。以下は、今ある断片的な資料から状況を読み解いたものであることに注意してほしい。

　まず当事者の文化について、ここではゲイ・カルチャーに着目してみたい。インターネットの普及以前は、セクシュアリティを同じくする者同士が出会い、友人や恋人を作ったり、社会運動を行ったりするためには、対面で会うか、雑

誌を介する必要があった。対面での出会いの場のひとつが、70〜80年代に発展を遂げたゲイバーと、ゲイバーが密集するゲイタウンである。その背景には、都市への人口の移動によって、都市に集う場が作られたこと、ゲイ向けの専門雑誌が出版され、ゲイバーの情報が流通したことなどがある。雑誌は、バーの情報だけでなく、サークルや社会運動の情報や、読者同士が手紙でやりとりできる通信欄などもあり、さまざまな出会いの場を提供していた。当時、雑誌上でおこなわれていた情報交換は、2000年を少しすぎたころから、ゲイ専用SNSや出会い系アプリなど、ソーシャルメディアに代替されていった（石田 2019）。

　1970年代にも、「若草の会」などのレズビアン運動や、ゲイ雑誌『薔薇族』の創刊（1971年）のように、社会運動や専門誌は見られたが、1990年代初頭は、性的マイノリティの存在感が以前より増していった時期といえる。80年代中頃、「IGA（International Gay Association）日本（現 ILGA 日本）」（1984年設立）や「OCCUR」（1986年設立）など、ゲイ男性を中心とする社会運動が組織化された一方で、当時「ゲイの病」とされたエイズが日本でも広がっていった。90年代初頭は、エイズパニックへの対応（新ヶ江 2013）や、「府中青年の家」事件への対応で、とくにまずゲイ・ムーブメント（運動）が活発化した。「府中青年の家」事件とは、OCCUR が、東京都が運営する青年の家で合宿をおこなった際に、他の宿泊者から差別的な扱いを受けたことに対し、青年の家が不適切な対応をとった事件である。OCCUR は青年の家と東京都を相手取り、裁判を起こし、その裁判に勝訴した。結果として、この裁判は、性的マイノリティの権利を擁護する必要性があることを明記するはじめての判決になった。ゲイ・ムーブメントの活発化と呼応するように、女性雑誌『CREA』が「ゲイ・ルネッサンス'91」という特集を組むなど、ゲイが当事者を超えて注目を集めた。

　90年代は、伏見憲明の『プライベート・ゲイ・ライフ』（1991）や、掛札悠子の『「レズビアン」である、ということ』（1992）をはじめとした、当事者による書籍が出版され、大きな影響を与えた時期でもある。杉浦郁子（2010）は、これらの書籍が、性的指向と性自認が別のものであるという認識の一般化をもたらしたことを指摘している。

　このような流れのなか、90年代初頭にはさまざまなサークルや、コミュニテ

ィが作られていった。たとえば、掛札悠子は、レズビアン／バイセクシュアル女性のネットワークを作るため、ミニコミ誌『LABRYS』（1992-5）を発行し、コミュニティ・スペース「LOUD」（1995-）を創設している（杉浦 2010）。男性であるゲイと比べて、経済力も関係してか、レズビアンバー、コミュニティや、レズビアン雑誌などは数が少なく、長期的に続くものも少ないという傾向がみられる。性的マイノリティのなかにもジェンダー問題が存在している。

　その一方で、エイズパニックへの対抗をきっかけに、ゲイだけではなく、他の性的マイノリティやセックスワーカーなど、さまざまな人びとが連帯する運動、クィア・ムーブメントが展開されていったことは見逃すことができない。「クィア（Queer）」という言葉は、もともと性的マイノリティに対する蔑称であったが、それを逆手にとり、性的マイノリティを包括し、抵抗と連帯を表す言葉として用いられるようになった。そして、ジェンダーやセクシュアリティを包括的に論じる学問として、クィア・スタディーズが立ち上げられた。日本でも、90年代後半には『クィア・スタディーズ '96／'97』（七つ森書館）や『QUEER JAPAN』（勁草書房）などの論集が出版されるなどの動きが始まっている。

　現在の社会でも、暗黙裡に、すべての人は異性愛者でシスジェンダーだと前提され、性的マイノリティは排除される傾向にある。性的マイノリティの不可視化に対抗するための運動のひとつが、パレードである。とくに、2000年以降のパレードは、アライと呼ばれる性的マイノリティを支援する人びとも含めた多くの人を動員することで、性的マイノリティがいるということを示す大きなインパクトを与えることが目指されてきた（堀川 2015：73）。

　ただし、2020年からのコロナ禍によって、パレードをはじめとするさまざまなイベントは中止となり、当事者たちの姿を顕在化させ、当事者同士が対面でコミュニケーションをとれる機会を減らしてしまった。

　当事者のさまざまな動きがあった一方で、テレビ番組は、90年代に人気を博し、2017年の30周年記念特番が問題になった「保毛尾田保毛男」（『とんねるずのみなさんのおかげです』フジテレビ、1988-97）というキャラクターのように、性的マイノリティを笑いの対象として描くか、テレビドラマ『同窓会』（日本テレビ系、1993）のように、男性同性愛を「禁断の愛」として悲劇的に描く傾向が強かった（青弓社編集部編 2021）。現在のように YouTube などをはじめとしたソーシ

ャルメディアでさまざまな当事者が情報を発信する状況と比べて、90年代は情報の偏りが激しかったといえるだろう。

■■■ 3. | トランスジェンダーをめぐる変化

現在日本では、LGBT ブームに伴いトランスジェンダーという言葉が浸透するとともに、そこではトイレの使用や競技スポーツに関する議論が注目を集めるようになっている。だが、それまでのトランスジェンダーをめぐる議論は、90年代に流布された性同一性障害概念にもとづく医療や法律などの問題が中心だった。そこで、本節では90年代以降のトランスジェンダーをめぐる変化について確認していく。

(1)性同一性障害概念のインパクト

性同一性障害は、長らく法律に反する医療行為という誤った認識が広まっていた性転換（今で言う性別適合）手術を正当な医療行為として実施するために埼玉医科大学倫理委員会（1996）において導入され、その後報道などによって流布された医学概念である。そのインパクトは、以下のようにメディアにおける性別越境に係る語の変遷からも読み取ることができる。

たとえば、関西大学社会学部トランスジェンダー関連デジタル映像アーカイブ（三橋順子コレクション）の1992年から2007年のテレビ番組（計102本）を参照すると、90年代前半（1990-1994）放映のテレビ番組（13本）では、おかまのような蔑称やニューハーフのような職業的呼称をはじめとするさまざまな非医学概念がタイトルに使用されていた。だが、90年代後半（1995-1999）放映のテレビ番組（37本）からは、前述した性同一性障害概念の導入を背景にして、新たに性転換（手術）や性同一性障害が数多くタイトルに使用されるようになった。さらに、00年代前半（2000-2004）放映のテレビ番組（38本）からは、性同一性障害者の戸籍の続柄訂正（以下、法的性別変更）に係る法制化を背景にして、新たに戸籍（の性／性別）もタイトルに使用されるようになった。

また、00年代以降はテレビドラマなどにおいても性同一性障害が取り上げられ、当該概念はよりいっそう世間に浸透するようになった。たとえば、2001年

には人気学園ドラマ『３年Ｂ組金八先生』の第６シリーズが放映され、俳優の上戸彩が性同一性障害に悩み苦しむ中学生「鶴本直」役を演じたことで話題となった。その後、2006年には性転換手術を希望する性同一性障害者の姿を描いたテレビドラマ『私が私であるために』が放映された。この作品は、単発ドラマということもあり『３年Ｂ組金八先生』ほどの人気を博したわけではなかったが、主人公の友人役を演じた歌手の中村中による劇中歌『友達の詩』が話題となったことに加えて、その翌年に中村は紅白歌合戦に性同一性障害であることを明かして出場するに至った。さらにその後、2008年には人気若手俳優たちが揃って出演し、またＤＶやセックス恐怖症といったテーマを取り上げたことでも話題となった青春ドラマ『ラスト・フレンズ』が放映された。この作品では、俳優の上野樹里が自らの性のあり方に対する葛藤や差別に直面する性同一性障害のモトクロス選手「岸本瑠可」役を演じて注目を集めた。

　こうして、90年代から00年代における性同一性障害概念のインパクトおよび世間への浸透は、公的に認められた性転換手術の実施や法的性別変更のための特例法制定に寄与しただけでなく、当事者たちの存在や悲劇的な境遇を顕在化させることにもつながったのである。

（２）当事者たちが置かれた状況の変化

　現在では、性別越境者を指す概念として性同一性障害者よりもトランスジェンダーの方が一般的となった。ただし、両者はしばしば混同され、また当該集団に係る国内最大規模の学会組織や法的性別変更に係る法律の名称には、依然として性同一性障害（者）が使用されている。以下では、こうして現在にも影響を及ぼし続ける医学概念の浸透に伴う変化について、線引きと分断というキーワードを糸口にして検討していく。

　たとえば、性同一性障害概念の浸透に伴い線引きと分断が生じた事例として、自助・支援グループにおいて当該概念の説明原理にうまく当てはまらないとみなされた人びとが排除されたり（三橋ほか 2003）、当事者コミュニティにおいて性同一性障害であるとはっきり自覚しないような人びとが「なんちゃって」として批判されたこと（鶴田 2009）などがあげられる。当該概念は、「心身の性が一致しない病気」のようなかたちで流布されたことで、女性／男性、こころの

性／からだの性といった二元的性別観やそこに付与された固定的な性別役割規範の維持・再生産に加担してきた側面をもつ。さらに、それらは前述のように誰が医療や法的サポートを受けるに「ふさわしい」のかといった線引きと分断にも利用されてきた。そして、こうした線引きと分断は、誰が女子トイレの使用や女子競技への参加に「ふさわしい」のかというかたちで、現在 SNS を中心に吹き荒れているトランスジェンダー排除言説のなかにも見出すことができる。今や、当事者たちはかつてのように笑いの対象や悲劇的な存在として描かれる状況からさらにすべり落ち、現実とはかけ離れた恐怖の対象や暴力的な存在として非難されるというよりいっそう深刻な状況に置かれているといえるだろう。

　それでは、トランスジェンダーはこれからもさまざまな生活の場面でこうした線引きと分断にさらされるしかないのだろうか。少なくとも、そのような状況を回避するためには、こうした線引きと分断が依拠している二元的性別観やそこに付与された固定的な性別役割規範を当然視する社会のあり方を問い直すとともに、性のあり方にまつわる差別的なまなざしや不合理な押しつけの解消を目指すことが不可欠であろう。それは、決してトランスジェンダーだけの特別な問題などではなく、すでにこの社会で共に生きている私たち全員に関わる問題なのである。

4. SOGI とは何か

　LGBT という言葉に加えて、近年、SOGI という言葉も使われるようになっている。SOGI とは Sexual Orientation と Gender Identity の頭文字を合わせた言葉である。性的指向とジェンダー・アイデンティティは、本来、非常に多様で、誰もがオリジナルな性的指向とジェンダー・アイデンティティをもつ。SOGI は LGBT だけでなく、他の性的マイノリティもマジョリティも含めたすべての人に関係する言葉なのである。「LGBT に対する差別」と「SOGI に関する差別」という言葉の違いは、黒人差別と人種差別の違いに似ているといえばわかりやすいのではないか。

　ただし、LGBT……といった言葉がもう不要になったわけではない。レズビアンにはレズビアンの、……トランスジェンダーにはトランスジェンダーの、

それぞれ特有の直面しやすい社会問題や、固有のニーズが存在している。SOGI にかかわらず、差別を受けず、平等に暮らすことができる社会が求められているのである。

　SOGI による差別を受けない社会とは、どのような社会なのだろうか。まず、そのひとつは、前節で述べたように、性別はふたつしかないとするような二元的性別観や、「男は～すべき／女は～すべき」という固定的な性別役割分業規範を他者に押しつけないことは重要だろう。そのような規範にもとづいて形作られてきた社会制度を見直していく必要がある。また、今求められていることのもうひとつが、マジョリティの側が性的マイノリティの実態について知ることなのではないか。近年、当事者のことをよく知りもせずに、性的マイノリティについて議論を戦わせている人びとをインターネット上でよく見かけるようになってしまった。そのような議論に基づいて、性的マイノリティについての認識を形作ってしまってはいないか、誰もが自分を振り返ってみることが求められているのかもしれない。

（宮田　りりぃ・守　如子）

◆　取り組んでみよう　◆

（1）親世代がイメージする女／男らしさと、あなたがイメージする女／男らしさについて比較し、そこにどんな共通点や相違点があるかを見つけてみよう。さらに、そこではどのような性のあり方が望ましい（または望ましくない）とみなされているのかや、それはなぜなのかについても掘り下げて考えてみよう。

（2）LGBTQ を扱った映画に着目し、作品内容を踏まえたうえで、映画評論サイトにどのようなコメントが寄せられているのか分析してみよう。肯定的評価と否定的評価ではどのように視点が違うのか、日本語で書かれたコメントと他の言語で書かれたコメントに違いがあるのか……。そしてコメントの違いはなぜ生まれているのかを考察してみよう。

 ブックガイド

石田仁『はじめて学ぶ LGBT——基礎からトレンドまで』（ナツメ社、2019年）：LGBT についてはさまざまな入門書が存在している。それらのなかでも「文化」とのかかわりについて

の言及も多いのが、この本である。LGBT について、基礎から近年の話題までが網羅されており、あなたの疑問に答えてくれるだろう。

ショーン・フェイ（高井ゆと里訳）『トランスジェンダー問題——議論は正義のために』（明石書店、2022年）：イギリスの状況を中心に、トランスジェンダーが直面している医療、階級、暴力といったさまざまな問題について検証している。第3節で取り上げた排除言説をはじめ、現在日本のトランスジェンダーが直面している問題について理解を深めたり、今後の解決方策について考えるうえでも大いに役立つ重要な本。

【参 考 文 献】

伏見憲明『ゲイという［経験］ 増補版』ポット出版、2004年。

堀川修平「日本のセクシュアル・マイノリティ運動の変遷からみる運動の今日的課題——デモとしての『パレード』から祭りとしての『パレード』へ」『女性学』（日本女性学会）23巻、2015年。

飯野由里子『レズビアンである〈わたしたち〉のストーリー』生活書院、2008年。

石田仁『はじめて学ぶLGBT——基礎からトレンドまで』ナツメ社、2019年。

石田仁編著、斉藤巧弥・鹿野由行・三橋順子『躍動するゲイ・ムーブメント——歴史を語るトリックスターたち』明石書店、2023年。

クィア・スタディーズ編集委員会編『クィア・スタディーズ '97』七つ森書館、1997年。

三橋順子・米沢泉美・いつき・筒井真樹子「第5章 トークバトル『トランスジェンダリズム宣言』」米沢泉美編著『トランスジェンダリズム宣言——性別の自己決定権と多様な性の肯定』、社会批評社、2003年。

埼玉医科大学倫理委員会「『性転換治療の臨床的研究』に関する審議経過と答申」『埼玉医科大学雑誌』第23巻 4号、1996年。

青弓社編集部編『「テレビは見ない」というけれど——エンタメコンテンツをフェミニズム・ジェンダーから読む』青弓社、2021年。

新ヶ江章友『日本の「ゲイ」とエイズ——コミュニティ・国家・アイデンティティ』青弓社、2013年。

杉浦郁子「レズビアンの欲望／主体／排除を不可視にする社会について——現代日本におけるレズビアン差別の特徴と現状」好井裕明編『セクシュアリティの多様性と排除』明石書店、2010年。

砂川秀樹『新宿二丁目の文化人類学——ゲイ・コミュニティから都市をまなざす』太郎次郎社エディタス、2015年。

鶴田幸恵『性同一性障害のエスノグラフィ——性現象の社会学』、ハーベスト社、2009年。

Chapter 7 アート

美術館から日常へ

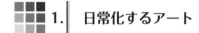

1. 日常化するアート

　2020年代を迎えようとする現在でも、「アート」という言葉の響きだけで「美術館は敷居が高い」「自分からは縁遠い」と感じてしまうことがあるかもしれない。実際、2022年版の『レジャー白書』によれば、当該の余暇活動を年に1回以上おこなった参加人口は、「映画」の2780万人、「音楽鑑賞」の3420万人に比して、「美術鑑賞」は740万人に留まっている。コロナ禍の影響から全般的に趣味活動への参加が抑制されたなかでも、美術鑑賞への参加人口は、パンデミックの影響を受けることがなかった2019年の1290万人から4割減以上の急激な落ち込みを示すことになった。この間、音楽、演劇を中心としたパフォーミング・アーツは配信コンテンツへと活路を見出そうとした一方で、基本的にはデジタルでの代替がきかない美術鑑賞は、ただ客足を遠ざけてしまった可能性がある。けれども、一歩立ち止まって周りを見渡してみると、アートそのものは意外と私たちの日常に溢れていないだろうか。

（1）街でアートと出会う

　まず、実物のアートという意味では、わざわざ美術館を訪れなくても私たちはそれなりに街なかでアートに出くわすようになった。たとえば、2017年3月にオープンした東京・銀座の商業施設「GINZA SIX」では、世界的に評価の高いアーティスト、草間彌生のインスタレーションが注目を集めた。同様に21世紀に入ると、銀座であればメゾンエルメス・フォーラム（2001年〜）、表参道であればエスパス・ルイ・ヴィトン東京（2011年〜）のように、高級ブランドでは、世界的なアーティストの作品をふらっと、買い物ついでに鑑賞できるギャラリーが店舗に併設されるようになった。

とはいえ、街なかでアートに出くわすようになった最大の要因は、2010年代に定着した国際芸術祭によるものである。国際芸術祭とは、その多くが2年、もしくは3年に一度、国内外からのアーティストを招いて開催される、いわば音楽フェスのアート版とでも呼ぶべきものだ（暮沢・難波編著 2008）。世界的には100年以上の歴史をもつ国際芸術祭であるが、日本では2000年に第1回の越後妻有トリエンナーレが開催されて以降、代表的なものだけをあげても、横浜トリエンナーレ（2001年〜）、混浴温泉世界（別府、2009年〜2015年）、瀬戸内国際芸術祭（2010年〜）、あいちトリエンナーレ（2010年〜）、札幌国際芸術祭（2014年〜）、REBORN-ART FESTIVAL（石巻、2017年〜）など、北は北海道から南は九州まで、日本各地で開催されてきたことがわかる。

図1　札幌国際芸術祭の地下街に配置された展示会場（昭和の雰囲気漂う薄暗い地下街の先にたたずむ。2017年著者撮影）

　これらの芸術祭は大きく都市型と地域型に分かれるが、当初は巨大な展示施設に集約されたかたちで開催されていた前者も、回を重ねるにつれて、街なかの空きスペースを利用した分散ネットワーク型のイベントへと変貌しつつある。いくつかを紹介すれば、2017年の札幌国際芸術祭では、市内で戦前から続く歓楽街である狸小路周辺に小さな展示スペースを数多く配置していたほか（図1）、あいちトリエンナーレを引き継いで2022年に開催されたあいち2022でも、一宮市内の旧看護専門学校の校舎を

図2　あいち2022の展示会場：地域での看護師養成という役割を終えた校舎が活用された（左奥、2022年著者撮影）

活用している（図2）。これらの展示スペースは、戦後の産業構造の変化の過程で賑わいを失った旧市街の商業施設や学校等が多く、アートが都市の後景へと退いた旧市街の活性化のために一役買ってきた様子が伝わってくる。

このように、現在都市の先進的な商業エリアであれば、そのブランド戦略の一環として現代アートが採用される一方で、現在の日本のアートシーンに特徴的な国際芸術祭では、旧市街を積極的に展示スペースとして活用することで、地域の活性化を図っている。その意味では、休日に散策すれば、それなりにアートと出くわすのが今日の都市の日常だといえる。

（2）SNS でアートをながめる

一方、実物ではなくメディアを介してアートと接する場となったのが、Instagram に代表される視覚イメージを重視した SNS だ。日本では現在でも、美術館や芸術祭での写真撮影は禁止されていると考えられがちだが、基本的には作品の著作権や寄託者の意向の問題さえクリアできていれば、フラッシュなしでの撮影は認められている会場が多い。

加えて、私たちが日々撮影可能な情報端末を手にしていることで、現在では展覧会名に「#（ハッシュタグ）」をつけて SNS を検索すると、大量のアート作品が表示される。展示する側、鑑賞する側、それぞれに動機が存在するが、展示する側についてはその広報的な価値が認識されたという点が大きい。東京、六本木の森美術館は、その先進的な写真撮影への取り組みで知られており、2009年に「アイ・ウェイウェイ」展で撮影を試験的に許可して以降、一定のルールのもとで展覧会場での撮影が可能になっている。とりわけ、2017年夏の「サンシャワー」展、続く2017年秋から翌2018年春まで開催された「レアンドロ・エルリッヒ」展は、ともに Instagram での画像のシェアそれ自体が話題となった（『美術手帖』Web版　2018年1月12日 https://bijutsutecho.com/news/10786/、2023年4月6日閲覧）。

また鑑賞する側にとっては、「インスタ映え」のように自身の承認欲求を満たすフォトジェニックなコンテンツとして「アート」が認知されたことが大きい。当初は上野の森美術館で開催された「ポール・スミス」展（2016年7月27日〜8月23日）のように、展覧会場に写真撮影が可能なスペースを設ける程度だったものが、現在では2016年にニューヨークに開館した「The Museum of Ice

Cream」（2016年7月29日〜8月31日、現在は常設）のように、むしろSNSへの投稿を前提にアートスペースがデザインされることすらある。2019年に単一のアート・グループとして最大の来場者数を集めギネス記録に認定された「チームラボボーダレス」の人気もまた、そのフォトジェニックな展示デザインに負うところが大きい（『美術手帖』Web版　2021年7月14日、2023年4月6日閲覧）。

　このようなSNS上の画像群は、あたかも私たちのアートへの関心が高まったことを示唆するようにみえるかもしれないが、むしろ目を向けるべきは、それらの写真が個々のアカウントにいかに配置されているかである。ユーザーの多くは、絶え間なく自身の日常をSNS上で更新し続けており、アートもそのなかで消費されるコンテンツのひとつに過ぎない。つまり、対象となった作品のもつ芸術的、美的価値以上に、そのイメージとしての物珍しさにこそ注意が払われているとも考えられる。結果として、街なかでアートに出くわすように、SNSのタイムラインをさかのぼりながら、私たちはそれとなくアートをながめている。

■■■ 2. 「アートを見ること」の舞台裏

　一方で、1990年代にはふたつの異なる流れが日本のアートシーンで混ざりあっていた。それは、1980年代的なメセナ（企業による芸術文化の支援）の終焉と2000年代的なアートイベントへの助走である。この過程は、現在私たちが目にするアートの舞台裏が変容していく過程でもあった。

（1）企業というパトロン：美術館からイベントへ

　まず、1990年代の前半には、1980年代から質、量ともに増加を続けてきたアートと触れる場が飽和を迎える。すでに1970年代から続いていた開館ラッシュが一段落し、1980年代のなかばには大半の都道府県庁所在地に公立美術館が開館する。首都圏ではさらに、百貨店が運営する美術館の開館が相次いだのである。必ずしもアクセスが良いとはいえない公立美術館に比べ、新宿や池袋といったターミナル駅に直結した百貨店内に開設された美術館は、多くの人びとにとってより身近にアートと出会える場となった。

　なかでも先行したのが1975年に開館した西武美術館（池袋、1989年にセゾン美術

館に改称）と1979年に開館した伊勢丹美術館（新宿）である。その後もそごう美術館（1985年、横浜）、小田急美術館（1992年、新宿）、東武美術館（1992年、池袋）と、1990年代前半に百貨店美術館は最盛期を迎える。とりわけ、先行したふたつの百貨店美術館は、日本では体系的に紹介されることが少なかった現代アートを題材とした展覧会を数多く開催し、その普及において重要な役割を果たした。

　また、同様に1990年代に増加したのが、百貨店以外の企業がスポンサーとなったアートイベントである。その要因のひとつとして、1980年代を通して好調だった企業業績を背景に「CSR（企業の社会的責任）」が強調されるようになり、企業がその一環としてアートの支援に目を向けた点があげられる。加えて、これらの企業をネットワーク化し、その取り組みを評価・顕彰する財団法人企業メセナ協議会が1990年に設立されたことも手伝い、数多くの企業が新たに文化事業の枠組みのもとでアートを支援していくことになった。

　当時すでに、ブリヂストンやサントリーのように長年にわたって美術館の運営に携わる企業もあったが、新たに参入した企業の多くは、「ひとつぼ展」（リクルート、1992年〜2008年）や、隔年開催された「フィリップモリスアートアワード」（1996年〜2002年）のように若手作家の公募展形式を採用していた。また、「キヤノン　アート・ラボ」（1991年〜2001年）も当時を代表するアートを対象としたメセナ活動だが、公募展形式は採用せず、ノウボティック・リサーチや三上晴子ら特定のアーティストに注目した展覧会を開催することで、メディア・アートへの社会的関心を高めた。

　このように1990年代の前半は、美術館の支え手が地方自治体から私企業へと広がると同時に、企業メセナの一環としてのアートイベントが数多く開催されるようになったことで、アートを見る場の選択肢が増加していったのである。

（2）社会的コストとしてのアート

　ところが、このようなアートと触れる場の拡大は長くは続かなかった。なぜなら、バブル崩壊の影響が波及した1990年代なかばを過ぎると、数多くの企業が文化事業の予算を削減したからである。たとえば、前節で紹介した百貨店美術館は、そごう美術館を除けば2002年までにすべて閉館している。その象徴となったのが1997年のセゾン美術館の閉館であり、2001年には東武美術館もわず

か10年で閉館を迎えた。同様に、企業メセナとしてのアートイベントも、2001年の「キヤノン　アート・ラボ」、2002年の「フィリップモリスアートアワード」のように、その多くが2000年代初頭には幕を下ろしている。

　このような企業による支援が減少していく過程と並行して、公立の美術館も財政状況が厳しさを増す公的セクターから施設運営の効率性を求められていく。まず、1999年に独立行政法人法が制定される。同法は、国立の研究機関、文化施設等を国から法人として切り離し、経営の独立性とその合理化を促したものである。その主旨にもとづき、当時の国立美術館、博物館は独立行政法人として再編された。続いて、2003年には地方自治法改正にもとづく「指定管理者制度」の導入が決定される。同制度によって、自治体は自身が保有する施設の運営・管理を、民間団体にも委託できるようになった。ここでも強調されたのは、民間のノウハウを導入した施設運営のコスト削減である。

　このように公私両セクターにおいて経費削減を求められていく過程で、新たなアートの支え手として浮上してきたのがNPOである。1995年に起きた阪神・淡路大震災の復興過程におけるボランティアの活躍が契機となって、日本でもNPO法人の制度化の機運が高まり、1998年に特定非営利活動促進法が制定される。すでに音楽や演劇といった領域では「STスポット横浜」のように、1990年代には一定の専門性を有したボランティアの活動が活発になっており、彼／彼女らは、任意団体から法人化へと舵を切ることになった。アート業界では、パフォーミング・アーツの領域に比してその動きは緩やかであったが、2003年に第1回アートNPOフォーラムが神戸アートビレッジセンターで開催され、翌2004年に特定非営利活動法人アートNPOリンクが設立されると、そのネットワーク化が進行していく。

　上述の変化を振り返ると、現在の日本でアートを支えているアクターが1990年代に可視化されていったことを指摘できる。この時期まで、大半のアートファンにとってアートとは漠然と公的な美術館で見るものだったわけだが、国から地方自治体、百貨店から企業一般、そしてNPOを含む民間団体へとその支え手が移行していったことで、「アートを見ること」の舞台裏に存在する、支え手の関係性を意識せざるを得なくなったのである。また、この支え手の移行は、1990年代の不況を迎えるまで、私たちの税金や企業からの助成によって何

事もなかったかのように維持されてきたアートと触れる場が、「誰／どのアクター」によって「どのように」経済的にも、制度的にも担われていくべきなのかという、コストの問題として社会的に共有されていくプロセスでもあった。

■■■ 3. 国際芸術祭というレンズ

　そのうえで、私たちが街なかでそれなりの頻度でアートと出くわすという現状は、「自治体」「企業」「NPO」というアクターが出揃ったこととは無縁ではないし、この三者の関係性の変容のうえに存在している。まず、この過程で国や自治体が得た教訓は何かと言えば、「アートはお金がかかる」ということだ。一度美術館を建ててしまえば、その人件費やコレクションの保守を含めた施設の維持費として、小規模な館でも一千万円単位、大抵は億単位の固定費が生じるからである。

　一方で悩ましいのは、2000年代を通じて都市、地域の再活性化の鍵として文化、とりわけアートの力に注目が集まったという事実である。なかでも1995年に出版されたチャールズ・ランドリー（Charles Landry）の『創造的都市（*The Creative City*）』論は世界的に影響力をもち、日本で国際芸術祭が立ち上がっていくさいの理論的支柱となった（ランドリー 2003）。つまり、財政的支出を抑えながらも、一方でいかにアートを地域振興策に取り入れていくのかが、地方自治体共有の課題となったのである。

　この環境に親和的だったのが、国際芸術祭である。芸術祭であれば、美術館のような常設の施設を持つ必要もないし、そもそも多くの自治体が既存の美術館を活用できる。しかも、有期のイベントのため職員の長期雇用も生じず、自治体にとってはリスクが低い。一方で、1990年代を通じてノウハウ（経験）を蓄積してきた民間のアート団体にとっても、国際芸術祭の企画・運営は転機となった。たとえば、越後妻有トリエンナーレの総合ディレクターを長年務めてきた北川フラム（アートフロントギャラリー）は、日本で最大のパブリックアートプロジェクトの先駆けともいえる「ファーレ立川」を1994年に完成させている。一方で、都市型、地域型問わず数多くの芸術祭のキュレーターを務めた芹沢高志（P3 art and environment）もまた、四谷の禅寺、東長寺における一連のイベント（1989～1999年）など、1990年代から美術館を離れて数多くのアートイベントを手がけて

きたことはあまり知られていない。つまり、予算、地域両面で限定的なプロジェクトを手がけていた民間のアート団体は、自治体と協力しながら予算規模の大きなアートプロジェクトに参画することで自ら組織体制を整備していくとともに、その実績を通じて日本のアートシーンにおける影響力を強めていったのである。

さらに、1990年代を通じて美術館やNPOによって、地道に育成、組織化されてきた数多くのボランティアが、2000年代以降日本各地へと広がる国際展の現場を支えていく。現時点で（2023年4月現在）最新の報告書によれば、「横浜トリエンナーレサポーター」として2020年の横浜トリエンナーレに参加した市民ボランティアは1671名、また芸術祭の代表的なボランティア組織として知られる「こへび隊」は、2018年の越後妻有トリエンナーレでは3010名が登録している。この現状を、国際芸術祭における運営主体（地方自治体および民間団体）と市民ボランティアの理想的な協働と考えるのか、むしろ財政的には必ずしも潤沢とはいえない運営主体のボランティアへの過剰な依存と理解するかについては議論が分かれるが、1990年代を支えた地方自治体、NPOを含めた民間団体、そしてボランティアが形成する舞台のうえに、街なかへと広がったアートは立っている。

また、インターネット上で日常的にアートをながめているという点についても、国際芸術祭が一役買っている。先述の都市型に加えて、地域型国際芸術祭の浸透は、「イベント」としてのアートに関心をもつ新たなファン層を掘り起こしていった。この過程では、徐々に雑誌からテレビにいたるマスメディアも「旅とアート」というイメージを流通させ、アートがツーリズムのコンテンツとして認知される土壌を形成していく。たとえば、女優でアーティストののんが瀬戸内国際芸術祭を訪問する番組（「瀬戸内×アート　瀬戸芸とわたし〜のんがめぐる　早春アート旅〜」、NHK、2022年3月）が放映されたり、同様

図3　『美術手帖』2017年7月号の表紙

に美術専門誌で女優の満島ひかりをフィーチャーした芸術祭の特集が掲載されたりという具合にである（図3）。つまり、メディア研究者の村田麻里子も指摘するように、アートの「ポピュラー文化」化が生じたのである（石田ほか編著 2013）。結果、ツーリズムにおける日常的な振る舞いとしての（スマートフォンによる）写真撮影が、国際芸術祭、そしてその会場としても使われる美術館へと拡張していく。この状況に、デジタルカメラへの情報通信機能の付加、スマートフォンの撮影機能の向上といったハード面での技術革新、さらにはオンラインで簡単に画像共有を可能にするプラットフォームの開発といったソフト面での環境が整ったことで、爆発的にアートのイメージがインターネット上へと溢れ出していく。

　ただし、それでもアートが Instagram のように視覚的なイメージとして切り出された日常生活に溶け込んでいるという現状には、不透明な側面も存在する。なぜなら、撮影機能つきの携帯型情報端末が一般化するまでは、アートの撮影には、（フィルムが装填された）カメラをわざわざ携帯し、場合によっては事前に許可を取るというプロセスがあったはずだからだ。さらに、このような画像を所有していたのもまた、それだけの労力をかける意味のある大学、高校の美術教員や学生が中心であった。ゆえに、現像された画像もまた、大学での美術史の授業のようにアート画像の組み合わせとして鑑賞されることが前提だったはずである。したがって、このようにアートの視覚的イメージが、元々のアートとは異なるツーリズムや日常性の文脈で消費されていくことが主流となったメディア環境が、翻ってアートにいかなる新しい社会的な意味づけを与えるのかという点については注意深く見守っていく必要がある。

■■■ 4. │ 新たな日常化のフェイズを見すえて

　ここまで見てきたように、現在から1990年代を振り返ると、実物であれ、メディアを介したそれであれ、日常生活のなかでアートと出くわす頻度が増加してきたことがわかる。とくに、地方を中心とした国際芸術祭の増加と、SNSを流通する視覚イメージを通したアートへの誘因という2010年代後半のトレンドは、2020年代に入った現在も私たちとアートの出会いの基調を成している。このように、アートに自然とアクセスできる環境が整備されてきたことで、冒

頭で触れた参加人口の少なさとは裏腹に、アートもまた映画や音楽と同じような「普通」の趣味として認知されていくのかもしれない。

　そのうえで、近年その兆しが見えつつある、アートの日常化の新たなフェイズについても手短に言及することで本章を終えたい。実は、アートとのもっとも日常的な接触とは、時代を問わずアートを所有することである。なぜなら、作品を所有し自室に飾っていれば、否応なく毎日作品に触れることになるからだ。このアートの所有をめぐる動向に変化が生じつつある。まず、実物の所有という意味では、若手経営者を中心とした富裕層のあいだで作品を所有することへの関心が高まっている。たとえば、「earth music&ecology」の創業者である石川康晴は、自身のコレクションを公開したり、地域での国際芸術祭（岡山芸術交流）の開催に尽力したことで知られるが、このような所有志向のある富裕層が新たなアートの支え手として存在感を増しつつある。

　一方、メディアを介した所有としては、作品のシェア（分有）が人気を集めている。「STRAYM（https://straym.com/）」のサービスに代表されるように、ブロックチェーンとNFTを活用することで、作品の（疑似的な）所有権を分割することが可能になったためである。作品自体が分割できるわけではないが、その権利の証明書は発行され、各自が購入した作品を、スマートフォン上でいつでも見ること（表示）ができる。このような所有のあり方は、マルセル・デュシャンが《トランクの箱》に見出した持ち運べる美術館というアイデアを実現させるのかもしれない。

（光岡　寿郎）

◆　**取り組んでみよう**　◆

　（1）図書館で1990年代の『美術手帖』を通覧してみよう。各号の特集テーマをリスト化することで、当時アートには何が求められていたかを考えてみよう。また、展評にも目を通すことで、当時どのような場で展示が行われていたのかも確認してみよう。

　（2）関心を持った美術館、展覧会に「＃（ハッシュタグ）」をつけて、SNSを検索してみよう。検索された画像からは、SNSで評価される展覧会に共通の傾向が見出せるだろうか。また、そこでのコメントのやりとりを通じて、私たちがアートをどのように理解しているのかを分析してみよう。

ブックガイド

洞田貫晋一朗『シェアする美術　森美術館のSNSマーケティング戦略』（翔泳社、2019年）：本章でも触れた、館内での写真撮影や、インターネット上での写真のシェアに先鞭をつけた森美術館の広報担当者による著作。これらの施策が、同館の一貫したブランディングのもとでなされてきたことが分かる。また、アートのお仕事としての「広報」の一端を知るうえでも良著。

ベッカー，ハワードS.（後藤将之訳）『アート・ワールド』（慶應義塾大学出版会、2016年）：アメリカの社会学者ハワード・ベッカー（Howard S. Becker）によるアートの社会学の古典。とかく個人のセンスに基づいた神秘的な過程と考えられがちな「アートをつくる」という行為が、個人の外に広がる知識や人間関係のなかでいかに社会的に生み出されてきたのかが理解できる。

【参 考 文 献】

大地の芸術祭実行委員会「大地の芸術祭越後妻有アートトリエンナーレ2018総括報告書」2019年（https://www.city.tokamachi.lg.jp/material/files/group/17/soukatsuhoukokusyo2018_honpen220111.pdf、2023年4月5日閲覧）

暮沢剛巳・難波祐子編著『ビエンナーレの現在――美術をめぐるコミュニティの可能性』青弓社、2008年。

石田佐恵子・村田麻里子・山中千恵編著『ポピュラー文化ミュージアム――文化の収集・共有・消費』ミネルヴァ書房、2013年。

ランドリー，チャールズ（後藤和子監訳）『創造的都市――都市再生のための道具箱』日本評論社、2003年（原著 1995年）。

日本生産性本部『レジャー白書　余暇の現状と産業・市場の動向』日本生産性本部、2017年。

横浜トリエンナーレ組織委員会監修　ヨコハマトリエンナーレ2020「AFTERGLOW　光の破片をつかまえる」記録集、2021年（https://www.yokohamatriennale.jp/assets/pdf/archive/yt2020_docs_jp_web.pdf、2023年4月5日閲覧）

「レアンドロ・エルリッヒ展の入場者数が20万人を突破。Instagramシェアが後押し」『美術手帖』2018年1月12日（https://bijutsutecho.com/magazine/news/headline/10786、2023年4月6日閲覧）

「チームラボボーダレスがギネス世界記録に認定。単一アート・グループの美術館として世界最高の来館者数」『美術手帖』2021年7月14日（https://bijutsutecho.com/magazine/news/headline/24316、2023年4月6日閲覧）

スポーツ観戦 8

グローバル化・ローカル化・物語化

 1. スポーツ観戦の歴史的な変化

　ほとんどの人は、プロスポーツや学生スポーツをテレビや現場で観たことがあるだろう。スポーツ観戦は近代社会の代表的な娯楽のひとつとして、世界中で親しまれてきたものだ。日本でもさまざまなスポーツが人気を博し、人びとを魅了してきた。

　戦後の日本では、観るスポーツとしてプロ野球、高校野球、大相撲、ボクシング、バレーボール、マラソン、ラグビー、サッカーなどが高い人気を誇ってきた。スポーツと呼ぶべきか難しいが、プロレス、競馬、F1を入れてもよい。フィギュアスケートやテニスのテレビ中継も多い。そして夏季・冬季のオリンピックが非常に盛り上がる。柔道、陸上、水泳、体操などはオリンピックの時だけ注目する人も多いだろう。ある程度の競技人口とファン人口を持つスポーツは他にもたくさんあり、バスケットボール、ゴルフ、卓球、スキー、総合格闘技などあげればきりがない。

　スポーツを「やる」ではなく「観る」という立場で考えた時、その舞台はメディアと競技場だが、両者とも歴史的に大きく変化してきた。とりわけ1990年代から2000年代の前半にかけて、メディアの「グローバル化」が進んだ。日本人選手のメジャーリーグやヨーロッパサッカーリーグへの挑戦が相次ぎ、またサッカーワールドカップに初出場したことなどもあって、海外スポーツの中継・報道が一気に増えた。一方でこの時期は現場の「ローカル化」も進んでいる。Ｊリーグが開幕して地域密着型のサッカーチームが生まれ、プロ野球の地域志向や球場での多様なサービスも本格化した。

　もうひとつ、この時期に起こったスポーツ観戦の大きな変化としてメディアによる「物語化」がある。中継のあいだ「運命の日韓戦！」などとあおりテロ

ップを出しっぱなしにする。おおげさに編集された番組宣伝VTRを試合の何日も前から流す。そして勝っても負けてもスタジオで芸能人が泣いたりして「感動をありがとう」と大合唱する。そうした物語的な番組づくりの原点は1990年代から2000年代の前半にある。

　グローバル化、ローカル化、物語化のいずれも若い世代にとっては当たり前のことかもしれないが、昔からそうだったわけではない。グローバル化についていえば、たとえば1970年代、海外サッカーの本格的なテレビ番組は東京12チャンネル（現・テレビ東京）で週1回30分放送されていた「三菱ダイヤモンドサッカー」くらいしかなかった。ワールドカップのような大きな大会でも、NHKがおもだったいくつかの試合を放送するぐらいだった。日本人が海外スポーツの映像に本格的に触れるのは、NHK衛星第1テレビジョン（BS1）が開局した1989年頃からだ。オリンピックも特に冬季は放送が少なく、たとえば1976年のインスブルック冬季五輪は、テレビ朝日の朝15分のダイジェストとNHKの夜1時間の録画放送しかなかった。

　ローカル化も同様である。現在のプロ野球は多くの試合で数万のファンが集まり盛り上がるが、1980年代のプロ野球、特にパ・リーグの消化試合（優勝チームが決まった後の残りの試合）などは観衆500人と発表されることもよくあった。実際はもっと少なかったという証言も聞く。

　世界のスポーツを楽しみ、地域のスポーツに地元が熱狂する今日の状況は、ここ四半世紀の比較的新しい傾向である。この章では、そうなるきっかけが生まれた1990年代から2000年代前半のスポーツのグローバル化、ローカル化、物語化について具体的に整理していく。それをふまえて、現在のスポーツ観戦の状況をとらえなおしていきたい。

2. グローバル・ローカル・感動：1990年代のスポーツ

（1）グローバル化：メジャーリーグとヨーロッパサッカー

　1995年、当時パ・リーグにあった球団・近鉄バファローズのエースで、デビューから4年連続で最多勝と最多奪三振のタイトルを獲得する大活躍を見せていた野茂英雄が、アメリカ・メジャーリーグのロサンゼルス・ドジャースに入

団した。すぐにメジャーのマウンドに立った野茂は本場の強打者を次々と三振にとって勝利を重ね、その様子はNHK衛星放送、時には地上波でも放送されて日本の野球ファンは熱狂した。

　日本人メジャーリーガーは過去にもいたが、ここまでの活躍を見せた選手は野茂がはじめてだった。野球ファンはそれまでメジャーリーグに興味がなかったわけではないが、インターネットのない時代、海外のスポーツ情報を詳細に知るにはそれなりのマニア的な活動が必要で、誰もが詳しかったわけではない。

　野茂のあと、1997年の伊良部秀輝や長谷川滋利、1998年の吉井理人、2000年の佐々木主浩など投手のメジャーリーグ挑戦が相次ぎ、2001年にはイチローと新庄剛志が野手としてはじめてのメジャーリーガーになった。相次ぐメジャーリーガー誕生によってスポーツ新聞、雑誌、テレビ（→第2章）での報道量が増え、NHK衛星放送も日本人選手の出場試合を連日中継したことで、私たちにとってメジャーリーグは身近なものになっていった。

　サッカー報道のグローバル化も同時期に進んだ。1996年に2002年ワールドカップの日本開催（韓国との共催）が決定、1997年にワールドカップ最終予選を勝ち抜き初出場決定、1998年にワールドカップ本選（フランス大会）、および中田英寿がセリエA・ペルージャに移籍、2000年にシドニー五輪ベスト8と話題に事欠かず、世界のサッカーが日本人に少しずつ身近になっていった。そして2002年にワールドカップ日韓大会を迎える。

　「グローバリゼーション」はこの時期の流行語で、社会全体の流れにスポーツが乗ったという見方もできるが、それだけでなくそれぞれの競技に固有の事情もあった。たとえばサッカーは、1993年にJリーグが発足して日本サッカーのレベルアップが重要課題になっていて、ワールドカップ出場と世界で活躍する選手の育成が積極的に目指されていた。

　一方の野球は、人気選手の海外流出は球場の集客にもテレビの視聴率にもマイナスであり、メジャーリーグ挑戦を推進する雰囲気があったとはいいがたい。野茂の移籍はチーム首脳陣との確執などさまざまな事情を背景にした特殊なものだった。しかし、野茂の活躍によってメジャーリーグ挑戦がプロ野球選手の選択肢のひとつとして強く意識されるようになり、夢を追う選手を後押ししたのである。その結果、フリーエージェント（一定期間プロ野球に在籍した選手はど

の球団とも移籍交渉ができる権利）などの手段で、メジャーリーグに挑戦する選手が毎年のように現れるようになった。

　こうして私たちは、野球とサッカーをグローバルにとらえる視点を手に入れた。もっとも、報道の多くは日本人選手の結果を伝えるもので、私たちの多数もそこだけに興味があった。世界を知ったというよりは、世界のなかの日本を知ったといったほうが正確かもしれない。しかし一部のファンは、当時普及が進んでいたインターネットやCS放送などを通じて、最新の情報や映像を日本人選手の出場の有無にかかわらず楽しむようになっていた。本場のプロリーグを楽しむファンの数は、グローバル化以前と比べて明らかに増えたことも事実である。

（2）ローカル化：Jリーグ発足とプロ野球再編

　ローカル化はサッカーと野球で約10年の時間差がある。サッカーにおいて重要なのはいうまでもなく1993年のJリーグの開幕だった。

　日本サッカーの全国リーグは1965年に設立した日本サッカーリーグ（JSL）にさかのぼる。JSLは企業所属のサッカー部（いわゆる実業団）によるアマチュアリーグだったが、人気が低迷し、1980年代からサッカー活性化の議論がおこなわれるようになった。そこで生まれたのがプロサッカーリーグの構想で、これがのちのJリーグである。

　Jリーグ初代チェアマン・川淵三郎の自伝によると、構想の段階から自治体との連携が重視され、地域密着や社会貢献がテーマになっていた。初代クラブの選定に際しては、収益の安定性や大規模スタジアムの有無などに加えて、ホームタウンとなる地域の住民や行政と緊密なパートナーシップを築けるかが審査されたという。そして最終的に、鹿島アントラーズ、ジェフユナイテッド市原、浦和レッドダイヤモンズ、ヴェルディ川崎、横浜マリノス、横浜フリューゲルス、清水エスパルス、名古屋グランパスエイト、ガンバ大阪、サンフレッチェ広島の10チームでJリーグは開幕した。

　地域密着はJリーグ憲章にも謳われている。地域が重視されたのは、地元住民がスタジアムに足を運べば安定した収益を得られるという目算が大きい。しかしそれに加えて、文化としてのサッカーを日本に根づかせるためには、マスメディアを通じた全国的な人気に頼ることなく、各地域が自分たちのチームを

育て、愛する気持ちを持つことが大切だという思想が基本にあった。紆余曲折はあったがこの思想は着実に広がり、今日のＪリーグの隆盛へといたる。

　一方のプロ野球にも、地方都市チーム（とりわけパ・リーグ）の集客・収益の問題があり、同時期に活性化の議論は起こっている。しかしプロ野球の場合、巨人戦の莫大な放映権料に依存している問題などいろいろと複雑な事情があって、地域密着型経営に対する本格的な議論はなかなか進まなかった。

　プロ野球改革の議論が一気に進んだのは2004年、経営が悪化していたオリックス・ブルーウェーブと近鉄バファローズの合併構想が明らかになった時である。ファンや選手から激しい反発が起こり、オーナーたちの議論も紛糾した。堀江貴文率いるIT企業・ライブドアがバファローズの買収を宣言するなどさまざまな展開があって、９月にはプロ野球史上初のストライキまで起こる事態になった。けっきょく両者は合併してオリックス・バファローズが誕生、同時に東北楽天ゴールデンイーグルスが新規参入して決着した。

　この問題が起こった2004年には、パ・リーグでペナントレース上位３チームによるプレーオフ（2007年からセ・リーグも含めたクライマックスシリーズに変更）がはじまっている。東京ドームを本拠地にしていた日本ハムファイターズが北海道に移転したのもこの年である。翌2005年は新球団設立に加えてセ・パ交流戦もはじまった。福岡ダイエーホークスが福岡ソフトバンクホークスになった年でもあり、楽天とソフトバンクというふたつのIT企業がプロ野球チームのオーナーになった。さまざまな意味でプロ野球の転機になった時期である。

　その後、巨人戦の視聴率の低迷などもあり、放映権料に頼れなくなってきた各球団は本格的に地域密着型の経営に着手する。1990年代末からCS放送やケーブルテレビが普及して、全試合の生中継をテレビで観られるようになるなど、ひいきのチームに強い愛着をもつ基盤ができあがりつつあった。それに加えて、キャラクターグッズの拡充、球場のフードメニューの多様化、特別シートの設置、展示やミニイベントなど、さまざまなサービスが功を奏して各球場は徐々ににぎわいをみせるようになっていく。

　球場サービスのうち、昔のユニフォームでプレーしたり、特定の選手に注目する日を設けたりするのは、メジャーリーグのサービスを参考にしたものだ。グローバル化とローカル化は相互に良い影響を与えながらリンクしていた。

（3）物語化：「感動をありがとう」と「キャラづけ」

　1990年代最後の特徴は「物語化」である。第２章で述べたように、1990年代のテレビ（→第２章）は過剰な演出で感動や笑いを強調する傾向が強く、スポーツ番組も例外ではなかった。特に1990年代の後半から2000年代の前半にかけて、あおりテロップ、あおりVTR、スタジオでの長いトーク、芸能人キャスターの起用など、さまざまな方法でスポーツのバラエティ化が進んでいった。

　オリンピックを例にとると、その傾向が明確に表れたのは1996年のアトランタ五輪だと思われる。金メダルが柔道の３個だけ、全体のメダル数も14個（2016年リオ五輪は41個、2021年東京五輪は58個）とあまり振るわなかった大会で、女子マラソン・有森裕子が銅メダル獲得後のインタビューで語った「自分で自分をほめたい」が名言として語り継がれている。

　辛口のテレビ批評で知られた消しゴム版画家のナンシー関は、アトランタ五輪のテレビ放送について次のように書いている。

　　　「感動をありがとう」という、始まる前から用意されていたフレーズで無理矢理の大団円のうちに幕を閉じたアトランタ・オリンピック。ここ数年、世の中に深く静かに広まっていた「感動させてくれ病」は、オリンピックという４年に１度の絶好のどさくさに紛れて、飛躍的にその病状を進めた。（中略）選手の実家にカメラ行きすぎ。恩師出て来すぎ。子供の頃の作文捜してきすぎ。それもこれも「感動をありがとう」というエンディングに着地するための構成なのである（ナンシー関 1997）。

　スポーツ競技自体を楽しむというよりは、スポーツの生む感動の物語をメインにすえたこうした番組づくりは今日でもよく見られるが、その起源は1990年代後半にあり、いまより激しいものだったと個人的に記憶している。感動路線は２年後の長野冬季五輪でより顕著になり、その後、過剰な物語演出はサッカー日本代表戦、フジテレビのバレーボール中継、日本テレビの箱根駅伝中継などスポーツ番組全体へと広がっていく。

　一方、テレビでは同時進行でもうひとつの傾向が目立つようになっていた。それは選手の「キャラ化」または「タレント化」と言うべきものだ。五輪が終

わると、メダリストたちをスタジオに招いてバラエティトークをするのが恒例化したが、競技について真面目にインタビューするものではなく、芸人を司会にすえてボケ・ツッコミを繰り広げながら、いわゆる「ぶっちゃけ話」を披露するものだった。その様子はさながら打ち上げコンパのようなノリである（じっさい「打ち上げ」と題した特番が存在した）。

　意外な天然ボケやトーク上手な選手が発見されると、その後もバラエティで引っ張りだこになる。ナンシー関はこれを「イイ話捜しからキャラクター捜しへ」と表現した。2000年には、スポーツ選手のおもしろトークを中心にしたバラエティ番組「ジャンクSPORTS」（フジテレビ系）が始まっている。この時期、トーク経験の浅いミュージシャンや俳優などが積極的にバラエティに出演し、芸人とのやりとりを通じて意外な素顔や天然キャラなどを発揮していた。スポーツ選手も同様に、キャラを含めて消費される時代になったのである。

■■■ 3. 個性・現場・インターネット：現在のスポーツ文化

（1）「選手の個性」と「現場主義」が生み出した新しい流れ

　グローバル化、ローカル化、物語化の三つの特徴を通じて、1990年代から2000年代にかけての「観るスポーツ」の変化を整理してきた。三つの特徴は社会や文化全体の変化とも関わりをもっている。具体的に二点指摘したい。

　第一に1990年代は、従来の教育における精神主義、集団主義、体罰を含めたスパルタなどが本格的に見直された時期で、選手の自主性が尊重されるようになった。たとえば高校野球において、試合中笑顔がたえないチームや長髪を許可しているチームは、昔は「のびのび野球」と称されて少数の特殊な存在だったが、1990年代以降はそうしたチームが当たり前になり、特別な呼び名もなくなった。甲子園のベンチにはじめて女性部長の立ち入りが認められたのも1995年のことである。

　こうした流れとグローバル化や物語化はおそらく無関係ではない。自由意志が尊重される時代になったからこそ、選手たちは視野を広げて世界へと飛び出していったのだし、自分の言葉で思いを述べる選手が増え、「楽しみたい」という気持ちを選手が口にするようになったからこそ、キャラ化や感動路線は成

り立つのである。

　第二に2000年代は、音楽の章（→第10章）でも述べたように「現場に足を運ぶ」ことが重視されるようになった時期で、これはローカル化と関係がある。インターネット（→第3章）が発達した現在、私たちはさまざまなスポーツや音楽イベント（→第9章）などを手軽に幅広く楽しめるようになった。だからこそ逆に、現場で目撃することや現場の空気を体感することの特別感と価値が高くなっている。経験に対価を払う意義のある時代において、スポーツ観戦が人気を博すのは必然的な流れであり、地元チームの試合に多くの人が集まり、熱狂的に応援するのはそうした現場主義の表れといえるだろう。

（2）インターネットの発達とスポーツ観戦

　現在のスポーツ観戦文化では、インターネットとデジタル環境の飛躍的な発達という要素が新しい流れを生みだしつつある（→第3章）。たとえば、サッカーを中心に世界と日本のさまざまなプロスポーツが観られるサービス「DAZN」や、プロ野球パ・リーグのすべての試合のライブ配信が観られる「パ・リーグTV」など、スポーツに特化したインターネット配信サービスが充実してきた。また、井上尚弥のボクシング世界タイトル戦を Amazon Prime Video が独占生配信したり、サッカーワールドカップ・カタール大会を Abema が全試合無料配信したりなど、テレビに頼らないスポーツ中継の手段が次々と試されている。

　NHK はオリンピック期間中、テレビ中継していない競技の配信を Web サイトでおこなっている。2021年の東京五輪では、カヌーや射撃など日本人になじみのない競技も（実況・解説抜きだが）延々と配信していた。マイナーな競技が容易に観られるようになったことで、スポーツ観戦は細分化され、人気が分散していく動きは進んでいくだろう。

　しかし、すべての日本人がスポーツをマニアックに楽しんでいるわけではない。細分化されたスポーツ視聴の一方で、従来のような人気スポーツを日本全体で盛り上がって視聴する楽しみもまた、インターネットの発達によって強まっている。家にいなくてもスマートフォンで観られる、仕事で観られなくても見逃し配信がある、Twitter のハッシュタグツイートでみんなでワイワイ観られるなど、さまざまな新しいメディア環境が盛り上がりを後押ししている。読

者のなかにも大きな試合をこのように楽しんだことのある人は少なくないはずだ。

　スポーツと浅く関わる多くの人にとって、観戦の楽しみは競技自体の面白さだけではない。競技に詳しくなくても、日本が勝利してお祭り気分を味わったり、推しの選手を見つけてアイドル的に応援したり、「にわか」ながらもあれこれと語りあったりする楽しみがある。そうした多様な楽しみ方にとって、大勢でパブリックビューイング的に視聴できたり、画像と文章を気軽にやりとりできたりするインターネットはうってつけのメディアだ。インターネットとデジタル環境の発達は、コアなファンとライトなファンの両方に対して、スポーツ観戦のゆたかな可能性をひらいたのである。

4. 変わりゆくスポーツの面白さ

　コロナ禍で私たちは、さまざまな競技の「無観客試合」をテレビやインターネットで目撃した。

　野球中継を観ていると、ピッチャーが投げるときに漏れ出る声や、ホームランの打球が椅子に当たるときのバコン！という衝突音など、ふだんは聞こえない音が実にクリアに聴こえた。大相撲中継では頭と頭がぶつかる鈍い音がはっきりと聴こえて背筋が寒くなった。実況も解説も歓声もない東京オリンピックのインターネット中継では、ヨットが水を切る音や、馬が砂を踏む音がとても心地よく、BGM代わりにずっと聴いていた。これはこれで面白く、スポーツのひとつの楽しみ方だと思ったものである。

　一方で、東京オリンピックの屋内競技では、観客席にいる関係者たちのまばらな拍手や小さなどよめきが聴こえてきて、コロナ前のスポーツの雰囲気を少しずつ思い出していった。そして2022年冬のサッカーワールドカップと、2023年春のWBC（World Baseball Classic）の満員の大観衆を見たとき、現地観戦であれメディア観戦であれ、スポーツに観客の盛り上がりは不可欠なのだと痛感した。

　無観客の静寂も、大観衆の熱狂も、どちらも楽しめるのがスポーツ観戦の魅力なのである。どちらかが正解というわけではない。コロナ禍のスポーツは私たちにそのことを気づかせてくれた。

　スポーツの面白さや感動は時代によって大きく変化してきた。半世紀前のプロ

野球では、エースはどれだけ球数が増えても、息が上がっても肩が痛くても投げ続け、監督は最後までエースを信頼して心中するのが美しく、それが人びとの感動を誘った。いまの若い世代では、そのような感動を肯定する人はおそらく少ないだろう。スポーツの面白さや感動のかたちは、社会のありようと連動しながら変化してきたし、これからも少しずつ変化していくはずだ。　　（高野　光平）

◆ **取り組んでみよう** ◆

（1）1964年の東京オリンピックと2021年の東京オリンピックについて、競技内容や女子種目の有無にどのくらい違いがあるか調べてみよう。大学に新聞縮刷版やデジタル新聞データベースがあれば、当時の新聞記事もぜひ読んでみることを薦める。また、両大会のパラリンピックの内容を比較し、1960年代の障害者スポーツの状況を調べてみるのもよいだろう。

（2）どんなスポーツでもよいので競技場で試合を観戦してみて、その後、インターネットで同じ競技の試合動画を観てみよう。現場で観るのと動画で観るのとで、どのような違いがあるかを自問し、それぞれの長所と短所を言葉にしてみよう。

　　　ブックガイド

田中圭太郎『パラリンピックと日本——知られざる60年史』（集英社、2020年）：日本におけるパラスポーツの歴史をまとめた本。障害者の社会参加がまったく進んでいなかった1964年の東京パラリンピックから約60年。世間の無理解、練習環境の未整備、費用不足など、さまざまな課題を乗り越えて発展してきた日本の障害者スポーツの過去・現在・未来を、ていねいな取材で描き出している。

ホワイティング，ロバート（松井みどり訳）『菊とバット』（文藝春秋（文春文庫）、1991年）：1970年代までの日本プロ野球は、合理性や科学性よりも「精神性」や「型」を重視してきたといわれる。その様子を助っ人外国人選手の視点を中心に描写した本。今日と大きく違う雰囲気に戸惑いつつも、意外と共通する部分も浮かび上がり、現在のスポーツ文化との断絶と連続を興味ぶかく読むことができる。

【参考文献】

川淵三郎『虹を掴む』講談社、2006年。
ナンシー関『何が何だか』世界文化社、1997年。
大坪正則『パ・リーグがプロ野球を変える——6球団に学ぶ経営戦略』朝日新聞出版（朝日新書）、2011年。

夏フェス

9

コモディティ化とコミュニティ化

1. パンデミックと「夏フェス」

　エンターテインメント市場において音楽フェスやライブはコロナ禍前まで一貫して増加傾向が続いていた。定額配信の普及により CD 販売が落ち込んだ一方で、SNS などで経験を共有するスタイルの「コト消費」普及の影響を受け、イベント自体の価値が高まったことが理由である。コンサートプロモーターズ協会によると、2022年のホールの公演数は14,147で、コロナ禍前の2019年に比べても 1 割程度増加している（コンサートプロモーターズ協会 2023）。

　「夏フェス」「秋フェス」等と呼ばれるフェスティバル形式の野外音楽イベント（本章ではこれらを総じて「夏フェス」と呼ぶ）市場も同様に回復傾向だ。図 1 にみられるように2022年は市場規模288億円、動員数241万人となり、2019年に迫る勢いにある。ポストコロナに向けて明るい兆しをみせているライブ・エンタ

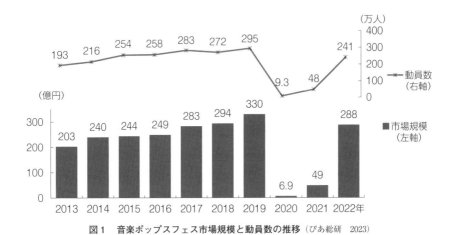

図1　音楽ポップスフェス市場規模と動員数の推移（ぴあ総研　2023）

ーテイメント業界だが、コロナ禍において非常に辛い状況に立たされていたことを忘れてはならないだろう。とくにフェス市場における2020年の動員数は9.3万人、売上額6.9億円となっており、コロナ禍前の2019年に比べると実に98％が失われるという危機的状況にさらされていた（ぴあ総研 2023）。

　ここで重要なのは、ぴあ総研の用いる「市場規模」とはチケット推計販売額の合計であり、来場者が支出する交通費や宿泊費、現地での飲食等の経済活動を含んでいないという点だ。フェスの経済効果を試算した江頭満正によると、チケット売上が16億6,800万円であった2015年のフジロックフェスティバルの総経済規模は150億円にであったという（江頭 2018）。大規模フェスは地域経済にも大きな影響を与えているのだ。

　コロナ禍は「夏フェス」を通じ、プロモーターやアーティストに加えて地域行政や住民にも深刻な課題を突きつけた。フェスの縮小・中止に伴う地域経済における消費や雇用、観光収入などの大幅減は、開催地域全体に影響を与えたといえる。他方、地域とのつながりの強さゆえに、感染症対策について同意を得るという点で通常のコンサート以上の困難を抱えることにもなったのである。

　2021年には緊急事態宣言とまん延防止等重点措置が続くなか、アルコール販売禁止や収容人数制限・観客間の距離確保などの対策を講じながらコロナ禍前のような完全な形ではないものの「夏フェス」開催を模索したが、コロナ禍ならではの困難も噴出した。たとえば、2021年8月29日に愛知県常滑市で開催された音楽フェス「NAMIMONOGATARI」が「密状態で開催された」として非難が殺到、twitter で炎上した。伊藤辰矢市長（当時）はこれを踏まえ、主催者に抗議文を送付している（伊藤 2021）。また茨城県ひたちなか市で毎年行われる日本4大フェスの1つ「ROCK IN JAPAN FESTIVAL」（以下ロッキン）が開催1か月前の2021年7月7日に突然中止を発表したのも大きな話題となった。当時の茨城県は「まん防」適用前であったが、県医師会の要望を受けて中止に至ったと総合プロデューサーの渋谷陽一は説明している（渋谷 2021）。ロッキンはこれを機に茨城県から撤退し、2022年より千葉市に移転して開催されることになった。

　これらコロナ禍ならではのトラブルに見舞われたフェスとは対照的だったのが、新潟県湯沢町で行われている「FUJI ROCK FESTIVAL」（以下フジロック）

である。湯沢町は地元住民へ
の新型コロナウイルスワクチ
ン接種に力を注ぎ、フジロッ
ク開催時点で高齢者の9割余
りが2回目の接種を済ませ、
湯沢町全体におけるワクチン
接種済の人口も6割を超えて
いたという。開催直前に
NST新潟総合テレビのイン
タビューを受けた湯沢町の田
村正幸町長（当時）は「賛否

図2　ゴミ一つ落ちていない終演後のグリーンステージ
（2021年フジロックフェスティバルにて筆者撮影）

両論あるなかでジレンマがある」としながらも「町としてできることはしっか
りと対応していきたい」と語っている（NST新潟総合テレビ 2021）。

　筆者は2021年のフジロックに参加したが、もっとも大きなグリーンステージ
であっても終了後にゴミひとつ落ちてない状態を目の当たりにし、地域住民や
主催者に加えて観客がもつ無事開催への強い思いに驚いた。また、感染拡大を
懸念して出演辞退するアーティストも出るなか、出演者がそれぞれの思いをス
テージから語っていたのも印象的だった。新潟県庁に取材したというNHK報
道によれば、フジロック開催の影響とみられる新規感染者は確認されていない
という（NHK新潟 2021、高岡 2021）。

　なぜコロナ禍のフジロックは無事に開催できたのか。これにはフジロックの
成り立ちや歩みと大きく関わっている。次にフジロックを90年代とゼロ年代以
降に分けて考察していこう。

2.　ネットを介してテキストでつながる時代

（1）ネット黎明期と重なる「夏フェス」黎明期

　フジロックは例年7月末に新潟県湯沢町苗場スキー場にて行われているロッ
クフェスティバルだ。平行して運営されるいくつものステージに洋邦200組も
のアーティストが出演して前夜祭込み4日間にわたって開催され、例年13万人

もの観客動員数がある。国内各地で多数開催されている各種「夏フェス」の代表的存在として広く知られている。フジロックは、音楽だけに留まらない多彩な経験を提供し、さまざまな文脈で日本のサブカルチャーに影響を与えている。まさに日本の「夏フェス」を代表するイベントのひとつである。

　しかし今日のようなポピュラリティをフジロックがはじめから獲得していたわけではない。『Welcome to FUJIROCK FESTIVAL'97』と銘打たれた第1回フジロック公式パンフレットの巻頭言にもあるように、世界中からアーティストと観客が集まり、大自然のなかでキャンプやバーベキューといったアウトドアライフを満喫ながらライブを楽しむという海外では一般的な「本物のフェスティバル」は、90年代までの日本には「ないにも等しい」（スマッシュ 1997）というのが実情であった。「夏フェス」の先駆けとなったフジロックの歴史は、アウトドア＋野外コンサートという様式を国内にどのようにローカライズするかという実践の歴史でもあるのだ。

　この過程において IT の発達と活用が大きな役割を果たしている点は、フジロックオーガナイザーにして株式会社スマッシュ代表（当時）である日高正博がたびたび指摘しているところである。フジロック10周年を記念して作成されたドキュメンタリー映像「FUJIROCKERS—THE HISTORY OF THE FUJI-ROCK FESTIVAL」にて、日高は以下のように語っている。

> フジロックのひとつのね、ある意味での成功っていうのかな。やはりね、97年から振り返って考えてわかるんだけど、インターネットだよ。お客さん同士のコミュニケーションをはかる。情報を出す。ちょうどそれと、フェスティバルがスタートした時が一番、ホームページでのそういうコミュニケーションが、日本の中で、若い人たちの間に、広がり始めた時だったね。

　この日高の談話は、国内におけるインターネットの普及状況を言い当てている（→第3章）。総務省が示す通り、97年には1割にも満たなかったインターネット人口はその後爆発的に増加し、2002年には57.8％に達することになるのだ（総務省庁 2022）。

（2）テキストで交流し、現地で対面する

　インターネット黎明期でのフジロック関係者によるインターネット活用は、現在一般的に行われているような主催者（＝公式サイト）からの情報発信とSNSなどを活用した参加者同士の交流といった明確な仕組みがあるわけでもなかった。フジロックの参加者は公式サイト、公式サイトから派生した公認ファンサイト、個人サイト、大型匿名掲示板、個人設営の掲示板などインターネット上のさまざまな場所で、食事や服装、会場内での移動やトイレの場所、車や宿のシェア、チケットの融通、そして出演者のラインナップや出演順など、あらゆる事柄について意見を交換した。先ほどの日高の述懐にもあるように、時として主催者側もそこに参加していた。

　インターネットを介した交流の歴史の例として、この時スマッシュが運営していた公式サイトの掲示板にておこなわれた「目印として赤いリボンをつけて会場にいこう」という呼びかけがあるだろう。1997年のことである。掲示板でやり取りをしていた参加者たちは、当時山梨県鳴沢村富士天神山スキー場でおこなわれたフジロックにてリボンをつけた人を見つけて声をかけ、互いに喜びあったという（花房 2000）。

　このエピソードを理解するためには、写真を添付してメール送信するJ-フォン（現在のソフトバンクモバイル）の「写メール」がスタートしたのが2000年、iPhone 3GやAndroid等のスマートフォンが発売されたのは2007年から2008年にかけてのことであるとの歴史を踏まえておく必要がある。90年代のネットはテキストでのやり取りが主流であった。だからこそ、実際の相手に対面することは驚きと喜びが混ざった他に類のない経験であり、フェスの会場に赤いリボンを見つけることが大きなインパクトを残したものと考えられるのだ。

　フェスという文化が段々と浸透し、フジロックの運営が軌道に乗り始めると、後発の「夏フェス」が次々に開催されるようになる。ROCK IN JAPAN FESTIVAL、SUMMER SONIC、RISING SUN ROCK FESTIVALといったフジロックに双肩するいわゆる「国内4大フェス」が出そろったのは2000年であった。2002年にはネットの普及率が6割にせまり、2005年にはコミュニティサービスのmixiがサービススタートとなる。国内でのフェスティバルの黎明期とインターネットの黎明期はほぼ同時に体験された現象であり、フェスもネット

も整備が進むにつれ、参加者の裾野もだんだん広がっていったといえるだろう。

■■■ 3. レジャーとしての「夏フェス」とリピーター

（1）共有体験の増大と没個性化

　飯田豊は「夏フェス」のメディアイベントとしての側面、山遊びとしての側面、観光・まちづくりとしての側面を踏まえたうえで、インターネットと同じようにフェスはプラットフォームだと論じている。日常生活の延長ではなく「夏フェス」参加を通じてのみ共有できる体験があるということ、そしてそれはみなで夏らしさを味わうための娯楽という側面を併せもっていると飯田はいう（飯田 2018）。「夏フェス」での過ごし方は確かにある種の共通項があり、「夏フェス」というプラットフォームで特定の服装や食事や振る舞いを体験することそのものが目的化したレジャーであるとの見方もできるように思われる。

　本来高い付加価値をもっていたはずの商品が普及していくにしたがって差別化できなくなり、最終的には価格競争に陥っていく過程はコモデティ化と呼ばれている。「夏フェス」は価格競争にこそ陥っていないが、2010年代から普及していくに従って差別化がしづらい傾向があるとみることもできるだろう。

　レジーはさらにここから論を進め、お揃いのオフィシャル T シャツを着用した「集合写真」の普及などを例に「夏フェス」には「没個性化することによる快感」（レジー 2022：130）があることを指摘している。確かにロッキンに参加した人からは「グループで参加した若者が同じオフィシャル T シャツを着ている」「（タオルを振り回すなど）客が同じ踊りをしている」という感想をよく聞く。また、ロッキンはルールが厳しいフェスとしても知られている。オフィシャルサイトにはアーティストや観客が群集の上に飛び込む行為であるダイブが禁止であること、指示に従わない場合は強制退場などの対処がおこなわれることが明記されている。

　ロッキンは邦楽を中心にしたラインナップで知られ、若者に支持され続けている「夏フェス」である。レジーの指摘する「没個性」的な楽しみ方の背景には、SNS を参考にし、自分もまた同じような写真を撮影・投稿することで楽しみを確認するというゼロ年代以降の若者における消費のスタイルがあるだろ

う。彼らをターゲットにした今日の「夏フェス」は安心して安全に楽しめる娯楽であり、受身な消費者のためのプラットフォームとしての側面を確かにもっている。

(2)リピーターの「故郷＝ホーム」としてのフジロック

ロッキンの若い客層とは異なり、90年代からフジロックに参加しているリピーター達はもはや中高年である。彼らがフジロックについて語る際、「フジロックは我が家の正月だ」「はやく苗場に帰りたい」などフジロックを「故郷＝ホーム」にみたてて語るコンテキストがしばしば用いられる（永田 2019）。「故郷＝ホーム」としてのフジロックという見立ては、語りだけでなく現実的な支援にも結びついている。2005年におきた新潟中越地震の際にはイベントを通じて3,000万円近くもの義援金を集めただけでなく、DJパーティーを10年にわたり継続して、苗場の観光を支えた。フジロック開催に先駆けて毎年行われている会場補修もリピーターの自主的なボランティア活動で支えられており、2011年からは地域の間伐材を活用した紙製品の製造など森林整備に貢献するプロジェクトがおこなわれるまでになっている。2023年には湯沢町のふるさと納税返礼品にフジロックフェスティバルのチケットが加わるなど、フジロックと湯沢町とのつながりはさまざまな形で強まっているのだ。

フジロックと湯沢町との強いつながりの背景には、年間150億円ともいわれる経済効果がもちろんあるだろう。しかし20年以上の時間をかけて主催者と出演者と観客と地域コミュニティがコミュニケーションを積み重ねてきた結果という側面も、確実にあるように思われる。フジロック20周年を記念したインタビューで、日高は「俺も最初の説明の時に（湯沢町側に）いいことばっかり言ったわけじゃないからさ。お客さんの中には刺青している人もいますし、茶髪です、ピアスです、と」語ったという。「あそこ（湯沢町）って冬はスキー客がたくさんくるんだけど、ものすごくマナーが悪いんだって。泥棒、万引き、喧嘩……だから全然お客さんを信用してないの（中略）地元の人は不安だったと思うよ」「ところが朝、国道沿いの宿泊施設から会場に向かうまでの道で、（フジロックの）お客さんが自分のじゃないゴミまで拾っていくっていうのをみて、地域の人たちは感動しちゃったみたいで」（日高 2016：85）。

筆者も1990年代から毎年のようにフジロックに参加しているが、確かに湯沢町に移転した当初は公演終了後に会場内を裸足で歩けるほどゴミがなかった。しかし、「夏フェス」市場が急激に拡大するのに比して、こうしたコミュニティ活動は局地的でささやかなものであったことは否めない。フジロックがレジャーとして広く楽しまれるようになるにつれ、自主的にゴミを拾うリピーターはだんだん少数派となっていった。皮肉にも、コロナ禍は湯沢町とリピーターの人間関係が息を吹き返すきっかけとなったとみることもできるだろう。観光やイベントの激減による打撃を心配した客たちはなじみの宿にメールや電話で連絡をし、なかには2021年のフジロックに実際足を運び、ゴミをひろったものもいた。久しぶりに出現した裸足で歩けるほどゴミが落ちていないグリーンステージには、このような思いが込められていたのである。

■■■ 4.┃ コモディティ化とコミュニティ化

　以上の議論から、「夏フェス」は単なる音楽イベントを超えた、社会全体に関わる現象であることが見て取れる。その内実には、自己表現と集団への同化、地域との接続など、多種多様な要素が絡みあっている。とくに2000年以降の「夏フェス」の普及とコモディティ化の過程においては参加者の没個性化が見受けられ、他方でフジロックにおいては、ネット利用や「故郷＝ホーム」のコンテキストを用いてさまざまな形で湯沢町への帰属意識を強化しコミュニティ内で共有される体験が増大する、コミュニティ化とも言うべき現象が起きていることをみてきた。

　「夏フェス」は単なる娯楽としてだけでなく、個と集団、地域社会とのあらたな関係性を模索する場としての機能ももつようになっているのではないか。2021年のフジロックにおいて、行政や地域コミュニティと主催者が協力しながらフェスの実施にこぎつけることができたのは、これまでの関係性を担保にこの機能を十分に発揮できたからといえる。

　本章の結論としてさらに加えたいのは、2021年のフジロックを陰で支えたのは没個性を志向する若い観客達だったのではないかという点である。海外からアーティストを呼ぶことがかなわなかったこの年、出演をしたのは King Gnu、

RADWIMPS、NUMBER GIRL、MISIA、電気グルーヴといった邦楽勢であった。通常であればロッキンのブッキングだといわれても違和感がない顔ぶれである。彼らを目当てに参加した若い観客の際立ったマナーのよさは、行動抑制が期待されるコロナ禍の「夏フェス」に秩序をもたらした。この年のフジロックはコモディティ化とコミュニティ化の両方の良さを活かした国内における「夏フェス」文化の集大成であり、コロナ禍という困難に対峙し、一定の成果をおさめたのである。 （永田　夏来）

◆ 取り組んでみよう ◆

（1）あなたが参加したいと思う「夏フェス」を1つ選び、その魅力について検討してみましょう。特定のアーティストやジャンルに焦点があたっていますか。それとも地域や社会的な要素を中心にしていますか。参加者のSNS投稿やライブのアーカイブ動画、雑誌記事などを参考にして具体例を示せるように工夫してください。

（2）親や教師など身近な年上の人に好きなミュージシャンを聞き、そのミュージシャンが過去に「夏フェス」出演経験を持つかを調査してください。その「夏フェス」は現在も続いていますか。最近ではどのようなアーティストが出演していますか。音楽の多様化や若者文化の変遷など時代による変化に注目して考察してみましょう。

 ブックガイド

永井純一『ロックフェスの社会学——個人化社会における祝祭をめぐって』（ミネルヴァ書房、2016年）：参加者への聞き取り調査やフィールドワークを用い、ロックフェスを社会学的に考察している。コンサートやライブとフェスの違い、楽しみ方を参加者自身が決めるフェスならではの過ごし方の特徴、参加者と主催者が互いに歩み寄りながらフェスを作り上げる過程などが専門的に論じられる。

津田昌太朗『THE WORLD FESTIVAL GUIDE 海外の音楽フェス完全ガイド』（いろは出版、2021年）：音楽フェス情報サイト「Festival Life」を主催する著者が40カ国、120以上の音楽フェスを紹介するガイドブック。カラー写真に加えて「夏フェス」関連の基礎用語についての解説、1日の過ごし方のモデルケースなど具体的な情報が豊富に示され、「夏フェス」の広がりが実感できる。

【参 考 文 献】

江頭満正「ロックフェスティバルの経済効果と消費者行動——フジロックを事例に」『尚美

学園大学芸術情報研究』29：17-29、2018年。

FUJI ROCK FESTIVAL, 2008,『FUJIROCKERS—THE HISTORY OF THE FUJIROCK FESTIVAL』

花房浩一「fujirockers.org について」FUJIROCKERS.ORG 2000年（2023年5月30日取得、https://fujirockers.org/?page_id=4334）

日高正博「この20年、非常にエキサイティングだったこれはお金には換えられない」『フジロック20th アニバーサリー・ブック』シンコーミュージック・エンタテイメント、2016年。

飯田豊「夏フェス：参加者の「成熟」とは何か」高野光平・加島卓・飯田豊編著『現代文化への社会学——90年代と「いま」を比較する』北樹出版、2018年。

一般社団法人コンサートプロモーターズ協会「年別基礎調査報告書 2022年」2023年（2023年5月30日取得、http://www.acpc.or.jp/marketing/kiso_detail.php?year=2022）

伊藤辰矢「昨日開催された namimonogatari について、本日から始まりました市議会定例会の冒頭のあいさつで述べさせていただきました。本日付で主催者に対して抗議文を送付いたします。」2021年（2023年5月30日取得、https://twitter.com/tatsuya115/status/1432156661813157892）

永田夏来「フジロックフェスティバルに「帰る」人びと——「帰省」のレトリックと第三の故郷」木村絵里子・轡田竜蔵・牧野智和編『場所から問う若者文化——ポストアーバン時代の若者論』晃洋書房、2021年。

NHK 新潟放送局　金よう夜きらっと新潟「フジロックの "選択"」2021年。

NST 新潟総合テレビ「新潟ニュース NST 2年ぶり "フジロック" 開幕へ「ありがたいけど…」地元・湯沢町からは期待と不安　感染どう防ぐ？」NST 新潟総合テレビ、2021年（2023年5月30日取得、https://www.youtube.com/watch?v=wiDgfXWdZIA）

ぴあ総研「音楽フェスの市場、98％が消失。2020年の調査結果をぴあ総研が公表」2021年（2023年5月30日取得、https://corporate.pia.jp/news/detail_live_enta20210416_fes.html）

レジー『増補版　夏フェス革命——音楽が変わる、社会が変わる』垣内出版、2022年。

渋谷陽一「ROCK IN JAPAN FESTIVAL 2021 開催中止のお知らせ」rockin'on.com. 2021年（2023年5月30日取得、https://rockinon.com/news/detail/199548）

総務省「令和4年情報通信白書」2022年（2023年5月20日取得 https://www.soumu.go.jp/johotsusintokei/whitepaper/ja/r04/html/nd238110.html）

スマッシュ「Welcome to FUJIROCK FESTIVAL'97」『フジロック公式パンフレット』1997年。

高岡洋詞「特集コロナ禍のライヴ・シーンを考える　石飛智紹インタビュー：お互いを尊重し合ってあの空間を作りましょう、という "良心" を信じたんです」『MUSIC MAGAZINE 2021年11月号』ミュージック・マガジン社、2021年。

音　楽 10

CDを売る時代から体験を売る時代へ

1. インターネット時代の音楽文化

（1）CDが売れなくなって

　「CDが売れない」という言葉を耳にするようになって、かなりの年月がすぎた。一般社団法人日本レコード協会の集計によると、CDシングルは1997年に約1億7000万枚、CDアルバムは1998年に約3億枚売れたのをピークに減少を続け、2022年にはシングル約3400万枚、アルバム約6700万枚まで落ち込んだ。CDはすっかり売れなくなったのだ。

　しかしそれは、私たちが音楽を聴かなくなったことを意味しない。音楽を楽しむうえで、CDを買うという行為が必須ではなくなったのである。CD不況の背景には新しい音楽環境と音楽文化の成立がある。

　たとえば2005年に設立した動画共有サービス「YouTube」によって、私たちは直接お金を払うことなく古今東西の音楽やミュージックビデオを視聴できるようになった。所有していない音楽を好きなだけ視聴できるという、まったく新しい環境が成立したのである。同じ時期、iPodなど携帯音楽プレーヤーの大容量化によって、レンタルCDやネット音源のダウンロード、知人とのデータのやりとりなどで手に入れた大量の曲を、手のひらサイズに閉じ込められるようにもなった。

　2010年代後半からは、Spotify、Apple Music、Amazon Musicなどの定額ストリーミングサービスが普及し、音楽を聴く方法の主流になりつつある。こうした状況のなかで、わざわざCD盤を買って家に置いておく意義を感じない人が増えても不思議ではない。

　とはいえ、CDが重要な音楽媒体のひとつであることに変わりはなく、レコード会社や音楽事務所はCDを売るためのさまざまな対策を講じてきた。なか

でも、CD にイベント参加券などの特典をつけたり、初回盤を何種類も出してコレクション性を高めたりする手法は、アイドルからロックまでジャンルを問わず幅広く採用されている。しかしそのことが逆に、普通の方法では CD が売れない現実を映し出しているともいえるだろう。

　ヒットチャートはこうした商法の影響を強く受けている。長年、日本の流行音楽の指標になってきたオリコンシングルランキングは、CD の売り上げを重視するために、AKB 系やジャニーズのアイドルグループが上位を独占するようになった。2018〜2022年の年間シングルトップ10に入った計50曲のうち、AKB 系は27曲、ジャニーズは20曲、その他はわずか 3 曲である。

　一方で、もうひとつの流行指標であるビルボードジャパンは、CD の売り上げに加えて、ストリーミングの再生数、YouTube（→第2章）の再生数、ラジオ局でのオンエア回数、カラオケで歌われた回数、ツイート数など多要素を用いて順位を算出している。その結果、あいみょん、Official 髭男 dism、米津玄師、YOASOBI、BTS などがトップ10に入り、AKB 系やジャニーズはほとんど出てこない。

　どちらのランキングがより正しいかは考え方によるが、少なくとも、CD の売り上げが流行音楽の唯一の指標でなくなったのは明らかだろう。

（2）音楽ビジネスの収益構造の変化

　2000年代まで、音楽業界は円盤（アナログレコード、CD、DVD など）の売り上げ、ライブの入場料、カラオケ著作権料などで利益を生み出していた。2010年代からはそこに、多様化したグッズの販売収入や、サブスクリプション（サブスク）の収入が加わった。アーティストによっては、YouTube チャンネルの収益や商品プロデュースなどの案件もある。音楽業界は「曲を売る」という基本を軸にしつつも、多角的な収益構造で利益を確保しようと試みている。

　YouTube にフルサイズのミュージックビデオを公開するアーティストが増えたのも、そうした改革の一環だろう。フルサイズ MV は、再生回数による収益もさることながら、プロモーションとしての意味あいが強い。シングルCD を出しても既存の根強いファンしか買ってくれないので、新規のファンに対しては新曲を無料公開して認知度・好感度を上げ、サブスク視聴、ライブ参加、グッズ購入などにつなげていくほうが得策だからだ。

一方、こうした音楽ビジネスとは直接関係のないところで、新しい音楽消費のかたちが花開いたのも近年の特徴である。たとえば「ニコニコ動画」（2006年開設）（→第2章）では、アマチュアの楽曲や演奏を楽しむ文化が成立していて、そこにはレコード会社からCDを出すという手続きが介在しない。ニコニコ動画の音楽は、リミックスや歌ってみた・踊ってみたなど多様な二次創作を引き起こして拡散していくもので、のちに制作者がプロデビューすることはあるものの、基本的にはCDの売買と無関係な仕組みを成立させてきた。

　ここから発展して生まれたのが、ボカロ系と歌い手のシーンである。ボーカロイドなどの音声合成ソフトを用いてオリジナル曲を制作するボカロPと呼ばれる人びとや、その楽曲などを高いスキルで生歌カバーする歌い手たちもまた、動画の収益やオンラインライブの投げ銭などでかせぐことが可能で、伝統的な音楽ビジネスとは一線を画す存在として注目を集めるようになった。

2. メガヒットの1990年代

（1）音楽文化は時代によって変わる

　このように、CDが売れない背景には「買わなくてもネットで聴けるから」という単純な理由では説明しきれない、新しい音楽環境の成り立ちがある。長い音楽の歴史でこうした革命的な環境の変化ははじめてのことではない。20世紀初頭のアナログレコードの普及、1970年代のラジカセの普及と、ラジオ番組をカセットテープに録音する「エアチェック」の流行、1970年代末のウォークマン発売、1980年代前半のミュージックビデオの定着、1980年代後半のCDの普及。そのたびに、新しい環境に対応した音楽文化が生まれてきた。デジタル化とインターネット（→第3章）の発達もまた、こうした定期的な環境変化のひとつなのである。

　1990年代にCDが売れていたというのも、1990年代に固有の環境が生み出した一時的な状況だった。1990年代の音楽ソフトの売り上げは2000年代以降と比べて多いだけでなく、1980年代以前と比べても多く、この時期だけ突出している。なぜ、1990年代にこれほど音楽が売れたのだろうか。

（2）メガヒットの状況

　1990年代にどのくらいCDが売れたのかを具体的な数字で見てみよう。日本レコード協会の発表によると、1990年以降にミリオン（100万枚以上の売上）を記録したシングルとアルバムの発売年ごとの数は図1の通り（2023年4月1日現在。卒論等で引用する時は最新のデータを参照すること）。

　シングル（黒の棒）は1996年にピーク（27曲）となり、その後減少して2002年以降は5曲未満、2007年〜2009年は1曲も出ていない。2010年から2020年まではコンスタントにミリオンが出ているが、この期間の計57曲のミリオンのうち、最初の49曲はすべてAKB48、乃木坂46、欅坂46のいずれかのグループである。AKBグループ以外では、2019年7月のBTSが久々のミリオン達成だった。なお、新型コロナが本格化した2020年4月以降、AKBグループのミリオン達成は1曲もない（2023年5月現在）。最大値を出した1996年のミリオンシングル全27曲を表1にまとめた。

　アルバム（グレーの棒）のミリオン数は1997年〜2000年に30作品以上を記録したのち、こちらも2000年代を通じて減少している。2010年以降のミリオンアルバムは、嵐、EXILE、少女時代、映画「アナと雪の女王」サウンドトラック

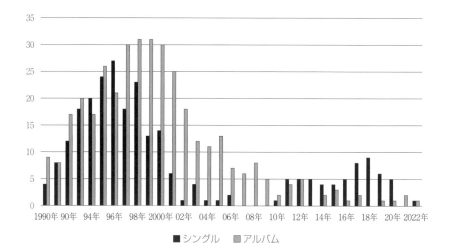

図1　ミリオン認定シングル・アルバム数の推移

（日本レコード協会「ミリオン認定数推移」（http://www.riaj.or.jp/f/data/others/mil.html）に基づき作成）

表1　1996年のミリオンシングル（発売日順、1997年以降にミリオン達成した曲を含む）

DEPARTURES（globe）	LA・LA・LA LOVE SONG（久保田利伸 with ナオミ・キャンベル）
マイ フレンド（ZARD）	
FACE（globe）	Real Thing Shakes（B'z）
名もなき詩（Mr.Children）	愛の言霊〜 Spiritual Message 〜（サザンオールスターズ）
そばかす（JUDY AND MARY）	You're my sunshine（安室奈美恵）
ミエナイチカラ〜 INVISIBLE ONE 〜（B'z）	YELLOW YELLOW HAPPY（ポケットビスケッツ）
I'm proud（華原朋美）	save your dream（華原朋美）
Don't wanna cry（安室奈美恵）	これが私の生きる道（PUFFY）
花 -Mémento-Mori-（Mr.Children）	恋心（相川七瀬）
チェリー（スピッツ）	Can't Stop Fallin' in Love（globe）
ALICE（MY LITTLE LOVER）	PRIDE（今井美樹）
あなたに逢いたくて〜 Missing You 〜（松田聖子）	STEADY（SPEED）
いいわけ（シャ乱Q）	a walk in the park（安室奈美恵）
アジアの純真（PUFFY）	白い雲のように（猿岩石）

など多彩で、松任谷由実、DREAMS COME TRUE、SMAP などのベスト盤もミリオンを記録した。しかしその数は1990年代と比べて明らかに少ない。2000年代以降と比べて、1990年代はシングル、アルバムともに圧倒的に売れていたことがデータから明確に読み取れる。

　1980年代はどうだったのだろうか。日本レコード協会による公式ミリオン認定は1989年からなので、それ以前のミリオン数はオリコンのデータなどから推定するしかないが、1980年〜88年までの9年間にシングル、アルバムともにミリオンは10作品程度しかないと思われる。平均すると1年に1作品程度で、毎年のように20〜30作品のミリオンを出していた1990年代とは大きな開きがある。1990年代は、前の時代と比べても後の時代と比べても、音楽ソフトがもっとも売れた時期なのである。

（3）メガヒットの背景と終焉
　ジャーナリストの烏賀陽弘道は、1990年代に J-POP 産業が巨大化した重要な要因として次の二点をあげている（烏賀陽 2005）。第一に、新曲をテレビドラ

マの主題歌やCMソングに起用してプロモーションをおこなう「タイアップ」が重視され、音楽業界、テレビ業界、広告業界が三位一体となった「Jポップ産業複合体」が高度に連携した。これによって、流行に乗ってCDを買う層が極限まで肥大した。第二に、1992年の「通信カラオケ」の登場と、それと前後して普及したカラオケボックスによって、大量の新曲が発売と同時に歌えるようになった。これが積極的な自己表現を好む若者文化と共鳴して、カラオケで歌うためにCDを買う人が大量に生み出された。

　烏賀陽によると、1991年〜1998年のオリコン年間シングルランキングトップ50のうち、すべての年で40曲以上がタイアップ、とりわけ1997年は47曲がタイアップだったという。テレビの音楽番組も多く、「ミュージックステーション」(1986〜)、「ポップジャム」(1993〜2007)、「COUNT DOWN TV」(1993〜)、「HEY! HEY! HEY! MUSIC CHAMP」(1994〜2012)などが高視聴率を記録していた。インターネットが普及する直前のこの時期、テレビの圧倒的な影響力を用いて新曲が宣伝され、カラオケを中心とした若者のコミュニケーションを媒介として、CDはメガヒットを連発したのである。

　しかし、そうした時代は長くは続かなかった。図1に表れているように、シングルもアルバムも2000年代以降は大ヒットをいくつも飛ばせなくなる。長引く平成不況、人口の多い団塊ジュニア世代が若者でなくなったこと、携帯電話(→第1章)など若者の通信費の増加、中古・レンタル店の隆盛、インターネットを介した違法コピーやファイル交換など、2000年代前半のビジネス誌にはいくつもの原因分析が並んだ。タイアップが陳腐になり効果を発揮しなくなったことや、流行に敏感な層がテレビからネットに移行したことも大きい。どれが正解というよりは複数の要因が連動したのである。そして2000年代中盤からインターネット環境の大きな変化が起こり、CDメガヒット時代は終焉した。

■■■■ 3. ┃ ネット以前／以後の連続と断絶

(1)1990年代と現在のさまざまな連続性

　マスメディアを中心に大規模に円盤を売る1990年代から、インターネットを中心に多様なコンテンツを売る2000年代へと転換が起こり、「CDが売れる／

売れない」という決定的な差が生み出された。しかし、1990年代は現在の音楽文化につながるさまざまな萌芽が見られる時期でもあり、その意味では現在との連続性をもつ時代でもあった。

　日本で本格的なロックフェスティバルが始まったのは1997年の「フジロックフェスティバル」（→第9章）の開催からである。長い低迷を経て女性アイドルの人気が復活したのは、1998年のモーニング娘。のメジャーデビューがきっかけだった。椎名へきるが声優として初の日本武道館公演をおこなったのは1997年のことだ。派手な衣装とメイクを特徴とする「ビジュアル系」が一般に認知されたのは、GLAY、L'Arc～en～Ciel、LUNA SEA などが次々とヒットを飛ばした1990年代後半である。

　1990年代は、メガヒットの影で次世代の新しい波がいくつも生まれていた。音楽業界の全体的な好況を味方につけて、さまざまな音楽ジャンルに予算が行き渡り、そこから独自の文化圏が形成されていったのである。本格的な放送を開始した CS 放送やケーブルテレビでは、「Viewsic」（現 MUSIC ON! TV）や「スペースシャワー TV」などの音楽専門チャンネルが人気となり、タワーレコードや HMV など、品ぞろえの豊富なメガ CD ショップが全国の都市にオープンして、情報環境・流通環境にも恵まれた時代だった。こうして、2000年代に花開く多様な音楽が順調に育っていった。

　もうひとつ、1990年代と現在をつなぐ重要な糸は、音楽の消費において「物語」が重要な役割を果たすようになったことである。AKB グループの総選挙のように、CD を買う行為を通じてアーティストの物語をつくり上げていく企画が人気になったのも1990年代だった。

　たとえば1997年、テレビ番組「ASAYAN」（テレビ東京系）で、CD シングルを5日間で5万枚手売りできたらメジャーデビューという企画をおこなったモーニング娘。や、1998年、「電波少年」（日本テレビ系）でニューシングルがオリコン初登場20位以内に入らなければ解散という企画をおこなった Something Else が代表的な例である。同じく1998年、「ウッチャンナンチャンのウリナリ!!」（日本テレビ系）で、100万人の署名を集めなければ新曲を発売できない企画をおこなったポケットビスケッツも同様の例だろう。

　聴くことよりも買うことが目的のこうした企画は、CD の購入を通じてアー

ティストとファンが物語をつくり上げる仕組みの源流といえるものだ。現在で
も、武道館でライブをおこなうことなどを目標に掲げ、そのストーリーを消費
するかたちがしばしばみられる。ファンはアーティストの夢をかなえるために
積極的に複数買いをしたり、ハッシュタグをつけてツイートしたりする。こう
した楽しみ方は1980年代以前から多少はあるが、アーティストの活動に自覚的
に組み込まれるようになったのは1990年代からである。

（2）1990年代と現在の断絶：「音楽に詳しいこと」の意味の変化

こうした連続性の一方で、1990年代と現在の音楽文化にはひとつの重要な断
絶がある。それは、古今東西の音楽を幅広く聴いてきたかどうかが、必ずしも
リスナーとしての優位性を保証してくれなくなったことだ。これはインターネ
ットの普及と深いかかわりがある。

1990年代の中盤に、若者を中心に「渋谷系」と呼ばれる音楽が流行した。渋
谷系とは、過去の音楽や図像からの引用を中心に作品を生み出したアーティス
トの総称である。彼らは1950年代〜1970年代のソフトロック、フレンチポップ、
映画音楽、イージーリスニング、ソウルなどから音を引用し、欧米のレコード
ジャケット、映画、写真集、雑誌などから図像を引用した。代表的なアーティ
ストにピチカート・ファイヴ、フリッパーズ・ギター、オリジナル・ラヴ、元
フリッパーズ・ギターの小沢健二と小山田圭吾、カジヒデキなどがいる。

彼らの音楽はおびただしい引用で成り立っていた。インターネットで「（ア
ーティスト名）＋元ネタ」で検索して原曲と聴き比べてほしい。現在の若者の感
覚からすれば完全なる「パクリ」でしかないだろう。しかし当時は、渋谷系を
パクリと非難する声はあまりなかった。コアなファンは元ネタ探しをクイズの
ように楽しみ、元ネタから音楽の世界が広がるのを良いことだと考えていた。
自らの音楽性を過去の音楽のパッチワークで表現し、そこにオリジナリティを
見出すことが当時は成立したのである。

しかしインターネットが普及した現在、このようなクリエイティビティが評
価されることはないだろう。あっという間に元ネタを見つけられ、SNSで拡
散してゲームは終わる。その過程に深みがなければ単なるパクリの域を超える
のは難しい。インターネットがないからこそマニアックな引用がゲームとして

成立し、それゆえに渋谷系はオリジナルでありえた。

　現在、たいていの音楽は知らなければ検索してすぐに聴ける。実際はファンによって知識の差は歴然と存在するが、いつでも差を埋められる環境がそれをファンどうしの格差へと変換することを拒んでいる。音楽をたくさん知っているほうがより上級の音楽ファンであるとは、無条件に言えなくなったのである。現在は、どれだけ現場に足を運んだかや、ブレイク前から追っていたかどうか（いわゆる「古参」）など、容易には埋まらない「体験」の差へとファン同士の序列化の基準はシフトしている。ここに、ネット以前／以後の音楽文化の大きな差異を認めることができる。

■■■■ 4. 音楽文化における「体験」の価値

　「体験」は、現代の音楽文化を考えるうえで重要なキーワードである。インターネットとデジタル環境が生み出した新しい音楽文化において、人びとに消費されているのは音楽そのものだけではなく、音楽がもたらすさまざまな体験だと考えられる。

　たとえば「総選挙」の投票券封入で大量購入をうながす、いわゆる「AKB商法」では、投票をつうじてアイドルの物語を自ら動かす満足感を得られる。あるいは、音楽イベントやライブに参加した人は、SNSで実況や感想をつづり、いいねやリプをもらって承認の充足感を得られる。どちらも音楽を媒介とした体験に価値が置かれていて、対価は楽曲に対してではなく、体験に対して支払われている。

　一方でCDを買うことの意味も変化してきた。聴くために買うだけでなく、好きなアーティストへの愛を確認するために買うことが、ファンに自覚されるようになった。デジタルで何でも手に入る時代だからこそ、逆に、ブックレットのついたCDという物質の手触りに価値を見出すこともあるだろう。

　ライブやフェスもそうで、現場でしか体験できない身体感覚に価値があり、同じ祝祭空間のなかにアーティストやファンの仲間とともにいるという実感に希少性が宿っている。インターネットで古今東西のライブ映像をいくらでも観られるからこそ、逆に、現場の空気を介して音楽と身体が直接かかわる体験が

価値を帯びるようになったのである。

　コロナ禍において、対面ライブが次々とオンラインライブに切り替わっていった。オンラインライブはアーティストをアップでじっくり観られるし、どこに住んでいても気軽に参加できるメリットがあるが、身体と音楽が物理的にかかわる感覚は体験できない。今日の音楽文化の重要な柱に「体験」があることを考えると、これは重大なデメリットだといえるだろう。

　もちろんこれは音楽ジャンルによる話で、ボカロ系やゲーム音楽のファンならば、それほど重要な問題ではないかもしれない。一方、バンドやアイドルのファンにとっては、現場の熱気や一体感の消失は致命的な問題かもしれない。一概には言えないが、オンラインライブと対面ライブには互いに補いあうことのできないメリットがあり、両立を模索していくのがポスト・コロナの音楽ライブがとるべき道に違いない。

　音楽アーティストをめぐる私たちのさまざまな行動、CDを買う、ライブに参加する、グッズを買う、出演番組を視聴する、SNSやブログを閲覧したり、コメントをつけたりする、ファンレターを送る、ファンアートを作る、カバー演奏を聴く、推しのイメージカラーを身につける、推しの誕生日を祝う……そのすべてが音楽をめぐる「体験」の一部をなしている。

　音楽というコンテンツは、いまや、曲を聴くだけにとどまらない多様な体験と、ファンどうし、あるいはファンとアーティストの絶え間ないコミュニケーションがおりなす、複合的な文化へと成長をとげたのである。　　　（高野　光平）

◆　**取り組んでみよう**　◆

　（1）1990年代の日本のヒット曲にどんなものがあるかを調べ、何曲か聴いたり、MVを見たりしてみよう。現在の日本の流行音楽とどんな違いがあるか、曲調、歌詞の内容、アーティストの外見、パフォーマンスなどいくつかの面で比較してみよう。ミリオンヒットだけに絞ってもよいし、女性ボーカリスト、バンド、アイドルなどジャンルを絞って調べてもよい。

　（2）現在、私たちはお気に入りの曲やアーティストとどのように出会っているだろうか。いま好きな曲やアーティストをいつどこで知ったか書き出して、自分が音楽とどのような「出会い方」をしているか明らかにしてみよう。また、友人に同じ質問をしてみたり、ほかにどのような音楽との出会い方があるかを考えてみよう。

ブックガイド

田島悠来編『アイドル・スタディーズ――研究のための視点、問い、方法』（明石書店、2022年）：アイドルを社会学的に考えるとはどういうことかを、豊富な事例から学べる入門書。アイドルの感情労働、恋愛禁止、男装、自己啓発的な歌詞、同人誌、チェキ、ファンの感情管理、台湾ジャニーズファン、東南アジアの日本型アイドル、日韓合同 K-POP オーディションなど、アイドル文化をめぐる幅広いテーマを扱っている。

烏賀陽弘道『J ポップとは何か――巨大化する音楽産業』（岩波書店（岩波新書）、2005年）：毎年何十曲ものミリオンヒットが生まれた1990年代の J ポップとは何だったのか。その歴史を理解するうえでもっとも重要な本。J ポップ全盛期の状況が豊富なデータをもとにわかりやすくまとめられている。現在の音楽文化と比較しながら読むことで現状の理解にもつながる。

【参 考 文 献】

速水健朗『タイアップの歌謡史』洋泉社（新書 y）、2007年。

さやわか『AKB 商法とは何だったのか』大洋図書、2013年。

若杉実『渋谷系』シンコーミュージック・エンタテイメント、2014年。

ゲーム 11

「バーチャル」から「日常」へ

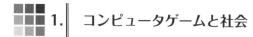

1. コンピュータゲームと社会

（1）ゲームの伝統と新しさ

2023年4月、筆者は勤務先の大学生90名に「好きなゲームは何ですか」というアンケートをとってみた。スマートフォン用のゲームアプリでも、専用機やPC用のゲームでもよいという条件で回答してもらったところ、名前が多くあがったのは「スプラトゥーン3」「Apex Legends」「マリオカート」「ツムツム」「ポケットモンスターソード・シールド」「大乱闘スマッシュブラザーズ SPECIAL」「ディズニーツイステッドワンダーランド」「プロジェクトセカイカラフルステージ！」「モンスターハンターライズ」「原神」などであった。

これらのゲームには、伝統的なゲームのフォーマットを最新のデジタル技術に合わせて進化させたものが少なくない。「ポケモン」「マリオカート」「スマブラ」は1990年代から続くシリーズだし、「ツムツム」も「テトリス」や「ぷよぷよ」に起源のある古典的なパズルゲームである。「Apex Legends」は、一人称視点か三人称視点かの違いはあるが、「バイオハザード」シリーズなど昔からあるシューティングゲームの進化形だ。「原神」のようなロールプレイングゲームも、「ドラゴンクエスト」や「ファイナルファンタジー」シリーズの子孫といえるだろう。

一方で、昔のゲームには見られなかった新しい要素も含まれている。「スプラトゥーン」に代表されるように、現在はオンラインで協力対戦するゲームがスタンダードになっているが、20世紀のゲームにはほとんどなかった機能だ。また、オンラインで頻繁に内容がアップデートされたり、バグが修正されたりするのも近年のゲームの特徴である。

それから、個別には上位に入らなかったが、「アイドリッシュセブン」「バン

ドリ！　ガールズバンドパーティ！」「ヒプノシスマイク」など、音楽ゲームとノベルゲームを組み合わせたものに全体として多くの票が入った。これらのゲームは、声優によるイベントやCD制作、アニメ化、舞台化など多メディア展開するのが特徴で、これもゲームの新しいかたちである。

（2）大きく変化した「ゲームの社会性」

　ゲームに関して、いまと昔で大きく変わったことがふたつある。第一に、技術的な環境が変化した。ゲームを動作させる機器の性能や、画面の解像度、機器のポータビリティ、ネットワーク機能の有無、ゲームの結果を共有しあうSNSの存在など、いまと昔ではゲームを支える技術の決定的な違いがある。

　第二に、社会的な環境も変化した。社会がコンピュータゲームをどのようにとらえているか、つまり「ゲームの社会性」がいまと昔で違うのである。たとえば、コンピュータゲームは私たちの社会にどんな害をもたらすのかという議論（ゲーム有害論）はいまも昔もあるが、それぞれの時代のテクノロジーの発達度によって批判の中身が変化してきた。

　1970〜80年代は、ゲームセンターと非行の関係や、ゲーム機を持たない子の仲間はずれなどがよく議論されたが、1990年代はバーチャル世界にハマって現実の判断がつかない子どもが問題とされた。脳への影響が真剣に議論されるのもこの時期からだ。こうした問題点の変化は、ゲーム機が高機能になって、高精細な画面とリアルな操作感が実現したことと関係している。技術の変化と社会性の変化は連動しているのである。

　ゲーム有害論の根本には機械と人間らしさとの対立があった。人間が機械化されることや、ロボットに支配されることへの恐怖は古くからSFのテーマだった。ゲームに熱中する姿は、機械が提供する刺激に反応するだけの非人間的な存在に見えやすく、そのことに対する拒絶感や偏見がゲームの社会性に影を落としてきたのである。そうした漠然とした恐怖感がピークに達したのが、バーチャル・リアリティが現実味を帯びた1990年代だった。

　しかし同時に、恐怖感の克服が始まったのもまた、コンピュータとともに生きることが当たり前になり始めた1990年代である。デジタル社会の到来が確実になると、ゲームを通じて新しいメディアリテラシーを身につける若者を肯定

的にとらえる意見が出てきた。1990年代は、本格的なデジタル時代への恐怖と期待が相半ばする過渡期だったのである。

　この章では、そんな1990年代のゲームに起こったいくつかのできごとに注目しながら、コンピュータに対する私たちの感覚がどのように変化し、今日のデジタル社会を迎えたのかを、ゲームを手がかりに考えてみたい。

■■■ 2. ┃ バーチャルへの恐怖と期待：1990年代のゲーム

（1）1980年代までのゲーム有害論

　1990年代の話に入る前に、1970年〜1980年代のゲームをめぐる状況を簡単に整理しておきたい。日本人とコンピュータゲームとの出会いは1970年代にさかのぼる。1977年の「ブロックくずし」の人気を経て、翌1978年にタイトーから発売されたアーケードゲーム「スペースインベーダー」は社会現象というべき大ヒットになった。

　隊列をなして迫る敵をミサイルで撃ち落とすインベーダーゲームは、ゲームセンターだけでなく喫茶店、待合室などさまざまな場所に置かれ、老若男女が夢中でプレイする様子がテレビや雑誌で繰り返し報道された。なかでも注目されたのは過剰にハマった子どもたちで、ゲーム代欲しさにひったくりをした中学生や、お金がないので5円玉を変造した子どもなど、インベーダーゲームをめぐる犯罪行為が世間をにぎわせた。

　こうした批判はゲーム自体に対するものというよりは、ゲームをめぐって引き起こされる社会問題に向けられたものだった。ゲームセンターや喫茶店は不良のたまり場であり、インベーダー批判は子どもの健全性という古くからある社会問題の延長線上に位置していた。一方で、サラリーマンが夢中でピコピコやっている様子を「孤独」と揶揄する雑誌記事もあり、ゲームをする姿に人間性の喪失を見る視点も早くから立ち上がっていた。

　1983年に発売された任天堂の家庭用ゲーム機・ファミリーコンピュータは、着実に普及して1986年にはブームのピークを迎えた。と同時に、家庭に本格的に入り込んできたゲーム機への批判も強まる。多かったのは「勉強しなくなる」「目が悪くなる」などで、かつてマンガやテレビに向けられた批判と同じもの

だった。ファミコンを持つ子どもと持たない子どもの格差もしばしば問題になった。1988年には人気ソフト「ドラゴンクエストⅢ」の発売時に少年による強奪事件が起こり、非行との関連でも議論された。

　一方で、無機質なゲームに没頭して人とのかかわりを好まない子どもへの危惧も本格化している。深谷昌志・深谷和子編『ファミコン・シンドローム』(1989) という書籍では、「人との付き合い方は苦手だがメカだといきいきと対話ができる」ような「人間のロボット化現象」が少年・青年の世界に起こっているとし、それがもたらすさまざまな病理とその対策を論じている。ゲームは非行などの従来の社会問題だけでなく、機械のもたらす病理という独特の議題を抱えることになった。1990年代はこうした流れの延長線上にある。

（2）バーチャルの弊害

　1989年にゲームボーイ、1990年にスーパーファミコンが発売され、家庭用ゲームはさらに普及・定着していく。アーケードゲームでも「テトリス」「ストリートファイターⅡ」など多くのヒット作が出て、子どもから中年にいたるまで、コンピュータゲームは当たり前の趣味になっていた。

　1994年12月、「次世代ゲーム機」と呼ばれた初代プレイステーションとセガサターンが発売され、1996年6月にはNINTENDO64が発売される。CD-ROMを使ったプレステとセガサターンは高精細な画面やポリゴンによる3D描写をウリにしていて、従来の家庭用ゲーム機を上回るリアルで複雑な表現を可能にしていた。NINTENDO64は3Dスティックと呼ばれる独特のレバーを備え、バーチャルな操作感も飛躍的に向上した。

　高機能化によって、おのずと暴力的な描写のリアルさも増していく。ゲームの暴力性に対する批判は以前からあったが、深刻な社会問題として取り上げられる機会が増えたのは1990年代のことである。

　1997年に起こった神戸児童殺傷事件で逮捕された14歳の少年が、犯行時に警察に送った挑戦状の書き出しは「さあ、ゲームの始まりです」だった。逮捕翌日の「朝日新聞」は「ゲーム世代、現実超え」という見出しを掲げ、「現実と仮想現実との境を見失ってしまった」「電子ゲームなどの画面を介した情報環境が、子どもたちをますます現実から遠ざけている」などの論評を載せている。

その後の新聞報道を追っていくと、テレビ、パソコン、ゲームなどの子どもたちへの悪影響について、教育界や保護者のあいだで熱心な議論が起こっていたことを確認できる。

　同じ1997年の12月には、アニメ番組「ポケットモンスター」を観ていた子どもたちが、画面の激しい点滅に反応して次々とけいれんなどの症状を起こす「ポケモン・ショック」と呼ばれる事件が起こった。報道ではテレビゲーム機でも過去に同様の発作の事例があることが繰り返し述べられ、ゲームは子どもの精神と肉体の両方に悪影響を及ぼすのではないかという危惧が社会全体に広がっていった。こうしたゲーム有害論は2000年代まで続き、2002年には生理学者・森昭雄の著書『ゲーム脳の恐怖』が話題になっている（ゲーム中の子どもの脳は認知症患者に近いという主旨）。

（3）プリクラ・たまごっち・ポケモンの可能性

　しかし同じ時期に、ゲームの可能性を肯定的にとらえる議論も生まれている。神戸児童殺傷事件と同じ頃、全国的な大ブームを起こしていたのが「プリント倶楽部（プリクラ）」と「たまごっち」、そしてゲームボーイソフト「ポケットモンスター」である。この三つのゲームをめぐる社会の反応からは、ゲーム有害論とは異なった、来るべきデジタル時代とネット時代につながる前向きな考え方を見出すことができる。

　アトラス社が開発した「プリント倶楽部」がゲームセンターに登場したのは1995年7月のことである。翌月、アイドルグループSMAPのテレビ番組で紹介されて注目を浴び、設置数の増加とともに少しずつ人気になっていった。現在のプリクラと比べてテクノロジーには大きな差があるが、撮影した写真がシールになって出てくる基本的な仕組みは現在と変わらない。

　当時の雑誌記事によれば、1996年5月頃から女子高生のあいだで「プリクラ交換」が始まったという。これをきっかけに全国の女子高生にプリクラが爆発的に流行し、さらにメディアに取り上げられた効果で世代を超えた全国的なヒット商品になる。写真のフレームも、キャラクターものや芸能人ツーショットものなど多様化していった。写真ではなく写した姿の輪郭がハンコになって出てくる「スタンプ倶楽部」や、オリジナルの名刺がつくれる「ネーム倶楽部」

などの類似商品も流行した。

　バンダイの「たまごっち」が発売されたのは1996年11月である。手のひらサイズの小さなタマゴ型の本体にモニターがついていて、画面に登場するペットにエサをやったり遊んだりして育てていく。現在のたまごっちと比べれば素朴なテクノロジーだが、基本的な仕組みはいまと同じである。発売から間もなく話題になり、出荷した30万個を売り切って1997年に入ってしばらく品薄の状態が続いた。1月24日の限定販売の時には、徹夜組を含めて3000人が東京・銀座の店舗前に並ぶ混乱をみせたという。

　プリクラもたまごっちも、敵を倒して得点を重ねる典型的なゲームとは異なるが、ボタン操作による電子的な遊具であることから、従来型のゲーム批判の俎上に乗せられた。「バーチャルな面だけの関係でつながる若者たち」（プリクラ）「仮想の死と現実の死の区別がつかなくなる」（たまごっち）などの問題が指摘され、リアルな人間関係の希薄化を嘆く論調は当時のメディアにいくつも見つかる。

　しかし一方で、これらのゲームに新しい時代の到来を読み解く論調も少ないながら見られる。たとえばメディア社会論者の妹尾堅一郎は雑誌記事で、プリ

図1　初代プリント倶楽部（画像提供　株式会社セガホールディングス。プリクラは株式会社セガホールディングスまたはその関連会社の登録商標または商標です）

図2　初代たまごっち（©BANDAI,WiZ　画像提供　株式会社バンダイ）

クラやたまごっちがマルチメディアやコンピュータ・シミュレーションの体験学習になっていることを指摘している。また、複数のゲーム機をケーブルでつないでアイテムの交換が可能なポケモンは、電子的なネットワークを子どもたちに感覚的に理解させているとも述べている。1995年に「Windows95」が発売されてインターネット元年を迎え、携帯電話やPHSの普及が本格化した日本では、来るべきデジタル社会を積極的に評価する雰囲気が生まれていた。

これらのゲームはたしかに今日のデジタルメディアの試作品のような存在だった。プリクラ交換をする女子高生たちが頻繁に自分や友人の記録をとっていく行為は、ブログやSNSなど双方向的なダイアリーの原型になっていた。一日中世話をしなければならないたまごっちは、仮想世界と現実世界の折り合いをうまくつけていく訓練になっていた。ケーブルでアイテムが交換可能なポケモンは、電子的なネットワークの初歩そのものである。

3. ゲーム的な日常のなかで

（1）生活がゲーム化した現在

プリクラやたまごっちが今日のデジタルメディアの原型とみなせるのは、専用機で遊ぶゲームと比べて現実との交渉が強かった点も大きい。プリクラは現実の人間関係とリンクしていたし、シールという物質の手触りをともなうものだった。たまごっちも、それだけに没頭するタイプのゲームではなく、現実世界のなかで日常的な生活とともにある存在だった。今日のデジタル社会もそのようなもので、日常生活や人間関係といった現実の社会のなかにデジタルが寄り添っているようなかたちである。その原型は、携帯電話やインターネットの普及よりも少しだけ早く、ゲームの世界でまず体験されたのだった。

現在に目をうつすと、ゲーム的と思えるようなことが日常のなかにたくさん組み込まれている。スマホのマップをスクロールさせながら目的地を探す行為は、ロールプレイングのダンジョンそのものである。都会の駅には、ジュースの画像をタッチするタイプのバーチャルな自動販売機がある。SNSでうまいつぶやきをしていいねやリツイートをもらうのは、経験値が数字で表れるゲームの世界と同じだ。

現在の生活のいたるところに、指先の動きでデジタル反応を起こして目的を達成しようとする行為、つまりコンピュータゲーム的な要素があふれている。知らない町を歩くことも、音楽を聴くことも、ニュースを知ることも、友人と連絡を取りあうことも、かつてゲームのなかで体験されていた行為が含まれている。「日常のゲーム化」といってもよいだろう。しかも、それらの行為をするのと同じ機器を用いて、同じようなシチュエーションでツムツムやウマ娘などのゲームもできる。だから「ゲームの日常化」も起こっている。

　日常とゲームの境界線が溶けていくような現在の状況は、ゲーム有害論が批判してきた現実とバーチャルの区別がつかなくなる状況そのものである。彼らが危惧したことが、実際に極度に進行した。しかしここまでゲームが生活のなかに入り込んだ以上、もはや伝統的なゲーム有害論は生活すべての否定に通じてしまう。ゲームは非人間的で人びとを仮想現実の世界に引きずり込むからよくないといった、大きすぎる議論はもはやほとんど意味をもたない。

　むしろ、SNS疲れやゲーム依存症の問題のように、個別的で具体的な議論こそが大事になっている。ゲーム化した日常から逃れることができない以上、その是非を問うている場合ではなく、そのなかでどのように生きていくべきかという段階へと議論は進んでいるのだ。

（2）専用機からスマホへ

　日常がゲーム化していく大きな流れの一方で、本来の狭い意味でのゲームの世界にも大きな変化が訪れている。それは、ゲーム専用機からスマートフォンへとゲームの舞台が移動していることである。

　『2015CESAゲーム白書』によると、家庭用ゲーム機の市場は2000年代後半から縮小を続け、2015年にスマホ向けアプリの市場規模を下回ったという。『ファミ通ゲーム白書2022』によれば、2021年の国内ゲーム人口・約5500万人のうち、アプリゲームユーザーは76.4％、家庭用ゲーム機ユーザーは50.4％、PCゲームユーザーは28.9％だった。2020年からコロナ禍の巣ごもり需要が増大し、Nintendo Switch用ソフト「あつまれ　どうぶつの森」の大ヒットなどもあったが、いちど逆転したアプリと家庭用ゲームの差は縮まっていない。

　ゲームセンターでも、UFOキャッチャー、プリクラ、音ゲーなどの軽いゲ

ームが入り口付近に大きな面積を占め、本格的なビデオゲームは奥のほうに固まっている。若い世代には当たり前の光景かもしれないが、1990年代と比べれば明らかにライトユーザーがゲーム消費の中心にいる。ゲームをめぐる社会的環境の変化とともに、ゲーム文化自体の性質も変化しつつある。それは、コンピュータと私たちとの関係の変化がもたらした、ひとつの象徴的な風景なのである。

■■■ 4. ゲーム文化のひろがり

　ゲーム文化は、単にゲームをプレイするだけでは完結しない。そこには、プレイを超えたさまざまな文化的実践と、豊かなコミュニケーションが広がっている。「共有」「多様性」「鑑賞」の三つのキーワードを軸に考えてみたい。

　「共有」とは第一に、オンラインで対戦・協力したり、結果をSNSに投稿したりする行為を指す。現在のゲームはコミュニケーションや承認欲求充足のツールになっている側面があり、他者とのつながりがゲームを続ける動機になっている場合が少なくない。

　また、ジャンルによってはゲームキャラクターのイラストや二次創作を投稿したり、ゲーム仲間と期間限定のコラボカフェを訪れたり、いわゆる聖地巡礼をしたりすることもある。もはやゲーム自体よりも、そうした付随するアクティビティがメインになっているユーザーもいるだろう。これもまた、ゲームをつうじてプレイを超えた楽しみを共有している例である。

　「多様性」とは、ゲームのジャンルによって楽しみ方や動機に大きな違いが生じることを指す。スマホでなんとなくリズムゲームをやっている人と、自室にハイスペックなゲーミングPCを備え、本格的なシューティングゲームをやっている人とでは、同じゲームユーザーでもまったく文化が異なる。

　こうした大きな違いはもちろん、小さな違いにも無視できないものがある。たとえば乙女ゲームとひとくちに言っても、オトメイトのような本格的なノベルゲームと、ボルテージ社が制作するようなスマホ用の恋愛ゲームアプリでは、ユーザーの志向性が少なからず異なっているだろう。ゲーム文化の中身は、ひとくくりにできない多様性を帯びているのである。

最後に「鑑賞」だが、ゲームの楽しみには「やる」以外に「観る」という行為もあり、近年はゲームを観る文化がかなり発達している。卓越した技やチームプレーを競う「e スポーツ」と呼ばれる分野が観るゲームとして世界的に人気だが、そこまで本格的ではなくても、他人のプレイ動画やゲーム実況を楽しんでいる人は多いだろう。

　ゲーム実況はニコニコ動画（→第2章）の初期から存在するジャンルで、2011年頃から実況者が公式生放送に出演したり、ゲーム会社から実況を公認されたりしたのをきっかけに発展していった。現在ではユーチューバーの主力ジャンルのひとつであり、ゲーム実況が本業でないユーチューバーでも、サブチャンネルや余興でおこなうことがある。自らゲームをすることがほとんどなくても、e スポーツやゲーム実況を好んで鑑賞しているならば、その人はゲーム文化に関与しているといえる。

　AR（拡張現実）、メタバース、AI の進化などによって、これからゲームのありかたも大きく変わっていくかもしれない。そのとき、ゲームが生み出すさまざまな文化的実践とコミュニケーションも変化するのか、あるいはしないのかということもまた、ゲーム研究の重要なテーマであることを最後に指摘しておきたい。

（高野　光平）

◆ 取り組んでみよう ◆

（1）YouTube などの動画共有サイトで、1980～90年代のコンピュータゲームのプレイ動画をいくつか観てみよう。シューティング、格闘、パズル、RPG などジャンルごとにいくつか観るとよい。現在のゲームと比較してどんな相違点と共通点があるかを書き出して、現在のゲームがどのように進化したのかを考えてみよう。

（2）ふだんゲームをしていて、どんなトラブルを経験したことがあるか思い出してみよう。マナーの悪いオンライン協力者や対戦者、好きだったゲームのサービス終了、必要以上に課金してしまう、ゲームに依存気味で勉強ができないなど、ゲームとつきあう上でどのような問題点があるかを整理する。逆に、ゲームをしていて快楽を感じたり充実感を覚えたりする瞬間も言葉にしてみよう。ゲームの目的や動機がうっすらと浮かび上がるだろう。

ブックガイド

さやわか『僕たちのゲーム史』（星海社（星海社新書）、2012年）：テクノロジーの発達ととも
もに、コンピュータ・ゲームの操作性、表現力、そして世界観は相互に関連しあいながらど
のように進化してきたのか。当時の意見や考え方をゲーム雑誌などから豊富に引用し、幅広
い視野でゲームの歴史を整理した本。類書はいくつかあるが筆者はこの一冊を薦めたい。

中川大地『現代ゲーム全史——文明の遊戯史観から』（早川書房、2016年）：20世紀のコンピ
ュータ・ゲームの歴史を世界史・日本史の両面から描き出した本。ゲームセンター、ファミ
コン、PCゲーム、DS、スマホゲームといったハードの歴史を軸に、名作ゲームソフトがゲ
ームの世界に与えた影響をていねいに考察している。570ページにおよぶ大著なので、まず
は気になる章から読んでみることをすすめる。

【参 考 文 献】

深谷昌志・深谷和子編『ファミコン・シンドローム』同朋舎出版、1989年。
原野直也『プリクラ　仕掛け人の素顔——プリクラが平成最大の集客マシーンへ進化した理
　　由』メタモル出版、1997年。
加藤裕康『ゲームセンター文化論——メディア社会のコミュニケーション』新泉社、2011年。
森昭雄『ゲーム脳の恐怖』日本放送出版協会（生活人新書）、2002年。

マンガ 12

媒体の変化と作品の多様化

1. 気楽／気軽に楽しめるマンガ

日常生活にあふれるマンガとインターネットの関係性

　現代の日本社会においてマンガを読んだことが「まったくない」という人は少ないのではないだろうか？マンガは戦後において大きな発展を遂げたメディアである。かつては、子どものものであり、大人が読むのは恥ずかしいとされていた時期もある。だが、現在は下は3歳から上は60歳以上まで、多様な性別・年齢の読者に向けた、多様な作品が日々提供され続けている。マンガは、時には、人生の転機になったり、新しい価値観を提供したりすることもある。マンガは、「気楽／気軽に楽しめる」娯楽であるが（あるいはそうであるがゆえに！）、現代社会について考える際に、さまざまな材料を提供してくれる文化である。

　安定した人気をもつマンガであるが、近年市場の拡大が指摘されている。出版科学研究所によれば、コロナ禍における「巣ごもり需要」（出版科学研究所 2023：4）の存在もあり、コミック市場は2020年から21年にかけて過去最大を更新し2022年現在でも微増となっている。出版物全体に占めるコミックス（単行本）・コミック誌・電子コミックの割合は41.5％である（出版科学研究所 2023：4）。近年、急激に電子媒体への移行がすすむ出版市場でも、マンガの存在は大きい。

　では、なぜ日本のマンガは人気を獲得しているのだろうか。その背景には、多数の社会的・歴史的要因が関わっており、ひとつの理由に絞るのは不可能である。しかし、近年のマンガ人気の背景を支える重要な要素のひとつとして、インターネットの存在があるのは間違いない。

　たとえば、インターネット（→第3章）の普及は、電子コミックを支えている。電子コミックは、出版社が運営するマンガ配信サイトやマンガアプリ、あるいは電子書籍によって配信されている。当然のことながら、これらのサービスは

インターネットの存在を前提としている。マンガ雑誌や単行本など「かさばる」物理的な媒体と比較して、電子コミックはスマートフォンなどのモバイル機器（第1章）さえあれば、より手軽なマンガの購読を可能にする。

　また、近年ではマンガ作品の流行に Twitter 等のソーシャルメディアが貢献していることも指摘される。作品が人気を獲得していく過程で、インターネット上での盛り上がりは、不可欠なものになっているとさえいえる。ここから、マンガに関わる経験（以下、マンガ経験という）の楽しさに、インターネット上の共有がある点も浮かび上がる。

　しかし、ここで疑問が生じる。インターネットが普及する以前のマンガはどのように読まれていたのか。また、その経験はどのように共有されていたのだろうか。本章では、この点について、主に媒体の変化に注目して「マンガは1990年代と比べて何が変わったのか」考える。

2. マンガの1990年代：社会集団としての読者

（1）戦後マンガ史

　1990年代のマンガの状況について考える前に、戦後（1945年から1980年代まで）の日本におけるマンガの発展について簡単に説明する。戦後マンガの発達過程の特徴は端的にいえば、対象とする読者層の拡大とそれに伴うマンガ雑誌発展の歴史である。

　中野晴行は、次のようにまとめている（中野 2009：15-84）。マンガ産業が成立したのは、1960年代である。それまでのマンガは小学校卒業と同じタイミングで読まなくなるものであった。だが、戦後すぐに生まれた"団塊の世代"は非常に人口が多い世代であった。そこで、この大きな消費集団の受け皿として、『週刊少年マガジン』（講談社）や『週刊少年サンデー』（小学館）などの少年向け週刊マンガ雑誌が生まれた。これをきっかけとして、マンガは対象とする読者の年齢層を拡大させていった。

　マンガ市場では、読者の年齢層が拡大すると、それに合わせて新しいジャンルの雑誌が生まれる、ということが繰り返されてきた。たとえば、1960年代には『週刊少年マガジン』に連載された『あしたのジョー』や『巨人の星』とい

った作品が流行した。これらの作品は、雑誌の主要読者である小学生・中学生だけでなく、高校生・大学生にも購読された。そのため、1960年代には、青年層の読者を対象とする青年誌（『ビッグコミック』（小学館）『週刊漫画アクション』（双葉社）など）が創刊された。また、少女マンガについても、1960年代に『週刊少女フレンド』（講談社）『週刊マーガレット』（集英社）などの週刊マンガ雑誌が創刊された。このような動きは、繰り返し起こっており、1980年代には、マンガ雑誌はほとんどすべての性別・年齢をカバーするようになった（中野 2004：143）。

（2）1990年代のマンガ

それでは、1990年代のマンガはどのような状況にあったのであろうか。1990年代は、マンガが最盛期を迎えると同時に、ここまで説明した1980年代までの雑誌中心であった消費形態に大きな変化が訪れはじめた時代でもある。

はじめに、紙媒体のマンガが最盛期を迎えていたという点について確認しよう。出版科学研究所によると、コミック市場の2022年における推定販売金額は、5年連続のプラスとなる6770億円を紙・電子媒体で記録したが、それ以前に最大規模となったのは紙媒体のみで記録した1995年の5864億円であった（出版科学研究所 2023：4-5）。また、マンガの隆盛を裏づける現象として、マンガ雑誌『週刊少年ジャンプ』が1994年末に公称653万部を達成した。1990年代についてみれば、『ドラゴンボール』（鳥山明）、『スラムダンク』（井上雄彦）、『るろうに剣心』（和月伸宏）など、現在でも知名度が高い作品がアニメ化されるなど大きな人気を博していた。

それ以外のジャンルについてもヒット作は多い。少女マンガについてみれば、『美少女戦士セーラームーン』（武内直子）や、『ちびまる子ちゃん』（さくらももこ）などの作品が同じくアニメ化され、大きな人気を集めていた。また、大人向けの作品では、1980年代に人気を得た『課長島耕作』の続編『部長島耕作』（弘兼憲史）が連載される一方で、『東京ラブストーリー』（柴門ふみ）がテレビドラマ化され、社会現象となるなど、さまざまなマンガが注目された。

1990年代はマンガ雑誌の多様化により、ある程度明確に読者が分かれていた時期である。1980年代後半まで続いたマンガ読者とマンガ雑誌の拡大により、

大手出版社は、さまざまな性別・年齢を対象としたマンガ雑誌のラインナップを完成させていた。例として、1990年代の小学館の男性向け雑誌を見ると、『コロコロコミック』が幼児から小学校低学年向け、『週刊少年サンデー』が小学生から中学生、『ヤングサンデー』（現在は休刊）が中学生から高校生、そのうえに青年やそれ以上の年代の読者向けに『週刊ビッグコミックスピリッツ』や『ビッグコミック』があるというかたちで、各年代の読者に向けた雑誌がまんべんなくそろっていた。もちろん、この状況は女性向け雑誌にも当てはまり、他の出版社も同様であった。

　ちなみに、マンガ市場がここまで大きく成長したのは、マンガ雑誌という流通形態が大きかった点を玉川博章が指摘している。マンガ雑誌は性別年齢によって区分されている。そして、各雑誌はその枠組みのなかで、読者アンケートや、単行本の売り上げ、アニメ化した際の反響などを確認することで、連載を継続する作品、あるいは連載を打ち切る作品を選別していくことが可能であった。つまり、マンガ雑誌はマーケティングの代替機能を担っていたのである（玉川 2016：286-7）。

　このように、1990年代のマンガ市場は、特定の性別・年齢によって区分された読者を対象とした多数のマンガ雑誌が存在し、さまざまな日常的な空間において読まれていた時代であった。

（3）1990年代の変化

　一方で、1990年代にはマンガ市場に大きな変化があった。山森宙史によると、1990年代に先立つ1980年代、「コミックス派の読者」の台頭など、雑誌の文脈から独立したコミックス消費が現れていた（山森 2019：241）。1990年代はこの傾向がマンガ市場において明確になる時期である。『出版指標年報　1995年版』を見ると、雑誌の出版傾向として、レディースコミック誌において9誌が休刊し「一気に淘汰が進んだ」（出版科学研究所 1995：190）ことや、青年コミック誌の部数・売上が3年連続で前年割れであったこと（同：223）が記述されている。

　ちなみにこの傾向は現在まで続いており1990年代以降、紙媒体のコミックスの売り上げは一定の水準を最近まで保っていた一方で、コミック誌の推定販売金額は大幅に減少している。つまり、1990年代は、マンガの消費が、コミック

誌中心からコミックスを含む多様なかたちへと移り、人びとのマンガの楽しみ方が変化しつつあった時期なのだ。では、そのような変化は現在のマンガや、それをめぐる経験に何をもたらしたのであろうか。次節では、ここまで説明してきた1990年代のマンガをめぐる状況を現在のものと比較してみよう。

■■■ 3. | マンガの変化を考える：より自由なアクセスへ

（1）媒体の変化・作品数の増加・語る場の拡大

　はじめに、重要な変化として、マンガの媒体に注目する。マンガは、1990年代とは異なり、現在では、電子コミックによる購読がもっとも一般的となった。実際、図1からもわかるように、2014年の統計開始以来、電子コミックの推定販売金額は急激に増加し、コミック市場全体の売り上げ回復に大きく貢献している。

　具体的に見てみよう。コミックス・コミック誌の2022年度の推定販売金額は紙媒体、電子媒体を合わせて6770億円である。その内訳は、紙コミックスが

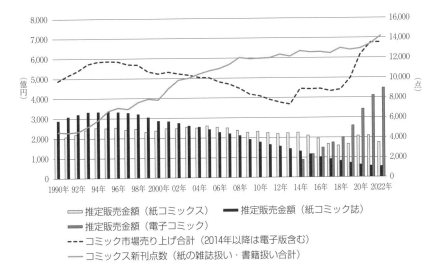

図1　紙コミックス・紙コミック誌・電子コミック　推定販売金額／コミックス新刊点数（出版科学研究所　2001・2017・2023より著者作成）（コミックス・コミック誌・電子コミックの推定販売金額の単位は億円）

凡例：
推定販売金額（紙コミックス）　　推定販売金額（紙コミック誌）
推定販売金額（電子コミック）
コミック市場売り上げ合計（2014年以降は電子版含む）
コミックス新刊点数（紙の雑誌扱い・書籍扱い合計）

1754億円、紙コミック誌が537億円、電子コミックが4479億円となっている（出版科学研究所 2023：4-5）。なお、電子コミックは1話売りやサブスクリプションなど多様な消費形態があるため、コミックスとコミック誌の区別は存在しない。このように現在のマンガ読者は電子コミックを中心にマンガを消費している。なお、近年では紙媒体の作品の再利用だけでなく、最初からWebで公開される配信オリジナルのマンガ作品も目にすることができる。

　また、発表される作品数が、1990年代から比較して増加している。図1の折れ線グラフを改めて見てほしい。コミックスの新刊点数は1995年時点で6721点（出版科学研究所 2001：239）であったが、2022年時点では、14187点と増加している（出版科学研究所 2023：7）。読者が選択できる作品数は大幅に増加したのである。

　もうひとつ、マンガの感想を語る場の変化についてもふれておきたい。元来、マンガはそのわかりやすさから、会話の話題になりやすい側面がある。ただし、身近な友人・知人との会話において話題にできる作品は、ある程度の知名度があるものに限られる。そのため、1990年代のコアなマンガファンは、『ぱふ』（雑草社、現在は休刊）などのマニア向けマンガ情報誌の読者投稿欄でマンガについて語りあっていた。ファン・サークルやイベントなども存在していたが、同好の士と出会うために遠隔地まで出かける必要があったり、手紙などの手段でやりとりをしたりする必要があるなど、マニアックな作品について語りあうための負担は軽いものではなかった。

　しかし、現代では自由かつ手軽に自分の好きな作品について語るインターネットという場が提供されている。たとえば、短いつぶやきを投稿して、他者と共有できる媒体であるTwitterでは、ハッシュタグを利用して、作品の感想を共有することが可能である。このほか、Twitter以外のソーシャルメディアやAmazonなどの通信販売サイトにおけるレビュー投稿などもマンガの感想を語る場である。さらに、近年では動画投稿サイトに、マンガについて考察する動画がアップロードされることがあるが、そこに付随するコメント欄なども該当する。人びとは、身近に作品を読んだ人がいなくても、作品について1990年代と比較して手軽に語りあえる場やマンガの情報を得る場をもっているのである。

（2）社会集団としての消費から、個人としての消費へ

　それでは、マンガ、あるいはそれをめぐる経験が1990年代と現代ではどのように異なるのか考えてみよう。マンガをめぐる経験は「社会集団の一員としてのもの」から「個人としてのもの」に大きく変容したと考えられる。ここでいう社会集団とは、職場や学校のようなものから、特定の性別、年代や日本人であることなど、より大きな枠組みまで含むものである。

　筆者は1990年代に10代の頃を過ごしている。この時期の友人たちとの共通の話題は、毎週発売されている『週刊少年ジャンプ』の連載作品についての話であった。筆者は、友人たちとお互いに好きな作品や、『ドラゴンボール』の今後の展開の予想などを話しあったりしていた。マンガとは個人的に楽しむものであるというよりは、仲間たちと購読した経験を共有して楽しむものであった。このような傾向は大人向けの作品などにも共通していた点が指摘されている。たとえば、中野晴行は1990年代のマンガ消費の特徴として「マンガが一種の情報として消費され」、人びととのあいだで話題になっていたことを指摘する（中野 2004：153）。つまり、人びととのマンガに関わる経験とは、「同時代の（流行に遅れない）人間」としての経験でもあったのだ。

　また、すでに述べた通り、1990年代においては、変化の兆しはあったがマンガはおもに雑誌によって消費されていた。1990年代のマンガ読者にとって、マンガを読むという経験は、マンガ雑誌を読み、気に入った作品をコミックスで購入するというものであった。人びとは、自分の性別年齢に合わせたマンガ雑誌を購入し、通勤中や自宅で楽しむ。そして気に入った作品があれば、コミックスを購入して繰り返し読むのだ。また、マンガ作品のなかでは、対象が区分されているという特徴から、しばしば特定のジェンダーや年代の人びとに共感されやすい価値観や常識が描かれていた。

　このようなマンガの特徴により、人びとは、自分自身のジェンダーや年代を意識しながらマンガを経験していたといえる。つまり、1990年代のマンガ読者にとって、マンガを読んだり楽しんだりするということは、「自分が特定の社会集団の一員であること」や「自分が特定の社会的属性を持つもの」であること（たとえば、男であること、サラリーマンであること）を意識したり、再確認したりするという意味をもちえたのである。

では、現在においてはどうなのであろうか。もちろん、現在でも多くのマンガ作品は特定の性別・年齢の読者を対象としている。しかし、マンガ消費の中心は紙媒体から、電子媒体へと移行し、作品数も増大した。さらに、インターネットの登場による、マンガを語る場の拡大によって、マンガ読者は相対的にマニアックな作品であっても、同好の士とそれを共有し、語りあうことが可能になった。

　したがって、現在の人びとは性別・年齢が明確に区分されたマンガ作品を、定期的に同時代を意識しながら購読するのではなく、最新の作品から過去の名作まで、自分自身が読みたいと思った作品を、性別や年齢にとらわれることなく自由に楽しむことができる。これが、1990年代と現代のマンガ経験の大きな違いであり、冒頭で示した問いに対する答えであるといえるだろう。

■■■ 4. マンガの変化における断絶と連続

　ここまでマンガについて1990年代と現代の状況を比較してきた。最後に、現在のマンガ経験が1990年代と比較してどのように異なっているのか、もう少し掘り下げてみたい。本章の内容を振り返ると、1990年代と現在ではマンガ経験は、全く違うものになったように思えるかもしれない。

　しかし、筆者はマンガの基本的な特徴は変化していないと考える。その特徴とは「共有されやすいという社会的な特徴から社会的な経験を提供すると同時に、私的に関与するという特徴から個人的な経験も提供する」という両義的なものである（池上 2019 : 3-6）。マンガは書籍という形態で流通しており、原則として個人がマンガを読むという形態で受容される。しかし、本章において示した通り、マンガは読者に社会集団の一員であることを意識させるような経験を提供し、読解の容易さから対面の場でも話題にしやすいものであった。

　インターネットがもたらした変化は、これらの特徴をますます先鋭化させるものであったのではないだろうか。マンガ経験の個人的な側面から考えてみよう。先述のとおり、現在の人びとは数多くの作品の中から、自分自身の好みに合った作品を、性別や年齢にとらわれることなく自由に楽しむことができる。だが、1990年代であっても、そのような受容のあり方は必ずしも不可能ではな

かった。たとえば、古書店を活用し過去の名作を購入したり、書店において自分自身の性別や年齢を対象としない雑誌や単行本を購入したりすることで、マンガ産業による読者区分を乗り越えることはできた。しかし、そのような消費を行うには、値段が高騰した古書を購入したり、自分の性別向けではない作品を購入する際に生じるかもしれない「恥ずかしい」という気持ちを乗り越えたりするなど、経済的・心理的障壁が存在した。

　次にマンガのもつ社会的な特徴についても考えてみよう。現在の人びとは、マンガ作品の感想を SNS に投稿するなどして、他者と簡単に共有できる。しかし、かつてのマンガは対面の場で話題にされるといった共有のあり方が中心であり、マニアックな作品について共有するためには、マニア向け投稿雑誌に投稿したり、ファンコミュニティに所属したりする必要があった。このような活動もまた経済的・心理的なハードルが高いものであった。

　つまり、インターネットは全く新しいマンガとのかかわり方を生み出したのではなく、従来からあったかかわり方を容易にしたといえる。ロジャー・シルバーストーンは、メディアのテクノロジーについて論じるなかで、「テクノロジーは何かを決定するというわけではなく、何かを可能にしたり、また不可能にしたりしているのだ」(Silverstone 1999＝2003：64) と述べている。その意味でインターネットの普及によりマンガ文化に起きた変化もまた、テクノロジー(＝インターネット) により「何かが可能になった」結果であるといえるだろう。マンガ文化の歴史を見ることで、われわれはインターネットによる変容は、あくまでもそのメディア文化において従前から存在していた特性が変化した結果であると学ぶことができる。

　最後に紙幅の都合上、本章で取り上げられなかった変化について簡単にふれる。まず、1980年代を起点として、1990年代に拡大したメディアミックスのあり方の変化と、それに伴うマンガの位置づけの変化がある。マンガのメディアミックスは古くから存在するが、かつてのメディアミックスはマンガ作品をアニメ化する、あるいはアニメ作品をコミカライズするといった、特定のメディアが起点になるものであった。一方で、近年は「オリジナルの原作が明快な形では存在せず、世界観のみ」があり、「消費者は、その『世界観』に基づいた多数のマンガや小説やゲームなどの消費を通して、世界観にアクセスできる」

という新たなメディアミックスのあり方が登場している（Steinberg 2015：249）。例として「東方Project」「ウマ娘プリティーダービー」「刀剣乱舞」などが、あげられる。このような状況においては、人びとにとってのマンガ経験のあり方も大きく変化していると予想される。

　関連して、作品に関連する派生的なコンテンツの増加も重要である。マンガ文化においては、従前から二次創作や批評を扱う同人誌が存在していた。近年ではこれらに加えて、動画サイトなどで作品の考察や批評を行うコンテンツが多数存在し、設定や物語が難解な作品について解説や考察を行ったり、特定のキャラクターの魅力を深堀りしたりしている。このように作品単独では完結しないマンガの受容・消費のあり方は社会学において興味深い研究対象となる現象である。

　本章ではマンガに起きた変化として主にインターネット普及に伴う媒体の変化と語る場の拡大に焦点化した。マンガは身近な媒体であるがゆえに、現代社会における変化を照射するうえで、有効な媒体のひとつなのである。

（池上　賢）

◆ 取り組んでみよう ◆

（1）1990年代のマンガにおける人気作品を調べて、その作品がどのような過程（メディアミックス、マスメディアでの注目、ファン活動など）を経て、どのような人気を獲得していったのか、当時の新聞記事や雑誌記事なども参考にしながら、詳しく調べてみよう。

（2）現在のマンガにおける人気作品を調べて、その作品がどのような過程を経て人気を獲得していったのか、インターネットニュースの記事や、新聞・雑誌記事などから調べてみよう。そのうえで、1990年代の人気作品と比べて人気の獲得過程にどのような違いがあるのか考えてみよう。

ブックガイド

竹内オサム・西原麻里編著『マンガ文化55のキーワード』（ミネルヴァ書房、2016年）：マンガ文化に関する現象や用語について、マンガ研究の最先端の知見を反映しつつ解説をおこなっている書籍。マンガはわれわれにとってなじみ深い文化のように見えて、一般には知られていない歴史や事柄が多く存在する。マンガ研究をおこなう際、自分の知識を過信せず、ぜひとも参照してほしい。

小山昌宏・玉川博章・小池隆太編著『マンガ研究13講』（水声社、2016年）：マンガを学術的に研究する方法論や視座を紹介した書籍。本章では、紹介しきれなかったものも含む、13の視点が紹介されている。マンガを研究したい際に参照し、自分が特に関心がある切り口を見つける際に、役に立つ書籍である。

【参 考 文 献】

池上賢『"彼ら"がマンガを語るとき、——メディア経験とアイデンティティの社会学』ハーベスト社、2019年。

中野晴行『マンガ産業論』筑摩書房、2004年。

中野晴行『マンガ進化論——コンテンツビジネスはマンガから生まれる！』ブルース・インターアクションズ、2009年。

出版科学研究所『出版指標年報　1994年版』1994年。

出版科学研究所『出版指標年報　1995年版』1995年。

出版科学研究所『出版指標年報　1996年版』1996年。

出版科学研究所『出版指標年報　2001年版』2001年。

出版科学研究所『出版指標年報　2017年版』2017年。

出版科学研究所『出版月報』2月号、2023年。

シルバーストーン，ロジャー（吉見俊哉・伊藤守・土橋臣吾訳）『なぜ、メディア研究か——経験・テクスト・他者』せりか書房、2003年。

スタインバーグ，マーク（大塚英志監修・中川譲訳）『なぜ日本は〈メディアミックスする国〉なのか』KADOKAWA、2015年。

玉川博章「商品としての側面を支える作家・編集者のあり方」小山昌宏・玉川博章・小池隆太編著『マンガ研究13講』水声社、2016年。

山森宙史『「コミックス」のメディア史——モノとしての戦後マンガとその行方』青弓社、2019年。

書 店 **13**

邪道書店の平成史

1. 現在の風景

　日本の書店は平成の30年間で大きく変化した。2003年まで2万店以上あった書店は、2022年に11495店にまで減少した（出版科学研究所「日本の書店数」）。また全国1741の市区町村のうち、456の「書店ゼロ」自治体があるとも報道された（『朝日新聞』2023年4月3日朝刊）。その一方、スマートフォンやタブレットで電子書籍を読めるようになり、ネットやフリマアプリで本の売買もできるようになった。

　こうしたなか、ちょっと奇妙な書店が注目されている。たとえば、丸善ジュンク堂では店内に一泊し、閉店後から翌朝の開店前まで自由に本を読める「書店宿泊企画」を開催してきた（2014年〜2019年）。また2016年には「泊まれる本屋」を名乗るBOOK AND BEDが東京・池袋に開店し、これ以降、「ブックホテル」と呼ばれる業態が全国に展開した（『日本経済新聞』2022年6月8日朝刊）。さらには入場料1650円（土日祝は2530円）が必要な書店「文喫」が東京・六本木に開店し（2018年12月）、二号店が福岡・天神にできた（2021年3月）。ネットカフェやマンガ喫茶とは異なるこうした書店は、大量の本と一緒に長時間過ごせる快適な場所として注目されている。

　もちろん、書店には書店なりのルールがある。いまでこそ立ち読みできる書店は多いが、かつては営業妨害と考えられていた。また購入前の本を持ち込めるカフェも増えたが、そもそも書店で飲食することはできなかった。これらをふまえると、快適な椅子・着たまま歩ける寝袋・敷物・ルームシューズが提供され、飲食も認められた丸善ジュンク堂の企画（『朝日新聞』2016年10月28日朝刊）が、いかに逸脱的な試みだったのかがわかる。書店は従来とは異なるルールを模索しながら、新しい場所になろうとしている。

本章では、こうした書店の試行錯誤を「邪道書店の歴史」として描きたい。ここでの邪道書店とは、書店の本道から戦略的に逸脱することでより多くのお客の支持を得たという意味である。規制緩和によって自由競争が進んだ平成の30年間は、書店の本道と邪道がせめぎあった時代である。そこでまずは書店の本道を確認し、次に邪道書店が登場した時代として1990年代を描き、最後に現在の書店への社会学的な考え方を示したい。

■■■ 2. ∥ 書店の本道

　日本の書店の特徴としてよく知られるのは、取次と再販（再販売価格維持行為）である。取次とは出版社と書店が個別取引するかわりに、取次会社（日本出版販売やトーハン）が書店への配本と集金を代行することである。これによって書店の業務は大幅に合理化されるが、これは書店が自由に本を仕入れられないことも意味する（もちろん、注文すれば取り寄せられる）。町の小書店に話題の本がすぐ並ばないのは、都市部の大型書店のほうがたくさん売れると取次が判断しているからである。

　再販とは独占禁止法の適用除外に基づき、出版社が決めた価格を再販売時にも維持する商習慣である。これによって書店は本や雑誌の定価販売を求められるが、条件つきで出版社への返品も認められている。再販は日本全国どこの書店でも同じ価格で購入できる状態を生み出すと同時に、町の小書店が在庫を抱え込むリスクを回避させている。

　また、かつては書店を開く前に「出店調整」と呼ばれる地元の書店組合との話しあいが必要だった。出店調整とは既存の書店への影響を少なくするために売場面積・営業時間・定休日・外商の有無・扱う品目などを事前交渉することで、永江朗によると「出店調整があたりまえだった時代は、調整によって既存の書店との共存をはかることが、読者にとっても利益になるのだと信じられていた」という（永江 2014：44-45）。よく知られた例としては、東京・八重洲ブックセンターへの反対運動がある（『日本経済新聞』1978年4月1日朝刊）。

　取次によって自由に本を入荷することはできないが、再販で在庫を抱えるリスクは少なく、出店調整で他店との競合も避けられる。これが町の小書店の「本

道」であり、これを業界として支えてきたのが「日本書店商業組合連合会（日書連）」である。

■■■ 3. │ 邪道書店の1990年代

　日書連加盟店数のピークは、1986年の12935店である。これ以降は1995年に11205店、2000年に9406店、2005年に7308店、2011年に4854店、2022年には2803店と減少が続いている。その一方、1990年代以降に急成長したのが郊外型書店と都市部の大型書店である。以下ではこれらに注目して、1990年代を邪道書店の時代として描いてみたい。

（1）コンビニ

　一つ目の邪道は、コンビニエンスストア（コンビニ）である。セブン-イレブンの第1号店が東京・豊洲に開店したのは1974年5月で、1980年代になるとコンビニは雑誌の重要な販売網として注目されるようになった。年中無休で24時間営業のコンビニでは、いつでも雑誌を買えるからである。そこで雑誌とコミックの売上に頼っていた町の小書店は危機感を抱き、日書連を通じて取次に「コンビニへの書籍納品自粛」を要請している（『日本経済新聞』1982年11月6日夕刊、西部版）。

　ところがこの要請は拒否され、逆に町の小書店は経営改善を求められるようになった。というのも、当時は書店員の勉強不足・注文した商品がすぐに届かないこと・画一的な品揃えなどが問題になっており、「行きすぎた保護は書店を甘やかし、出版界の停滞を招く」と考えられていたからである（『日経産業新聞』1982年11月2日）。

　興味深いのは、ここでコンビニを真似た書店が全国に登場したことである。具体的には扱う商品を雑誌・コミック・売れ筋の本に絞り、コンピュータで商品管理をおこない、駐車場つきの店舗で深夜まで営業するなどである。こうした店舗は「郊外型書店」と呼ばれ、1987年12月時点で2072店あった。その3割はスーパーなど異業種からの参入といわれ、ビデオやCDのレンタルを併設する店舗も登場した（『日経流通新聞』1988年1月26日）。こうして邪道のコンビニは

郊外型書店を生み出すきっかけとなり、全国の幹線道路沿いにはコンビニのような書店が並ぶようになった。書店は「車でいく場所」になったのである。

（2）ブックオフ

二つ目の邪道は、ブックオフである。ブックオフの第1号店が神奈川・相模原に開店したのは1990年5月で、その店舗数は1990年代に急増している（1996年12月に200店舗、2000年5月に500店舗、2005年5月に800店舗）。郊外の古本屋としてスタートしたブックオフは、古本業界だけでなく「新刊書店の業界にも大きな影響を与えた」といわれる（永江 2014：75）。ここではそのポイントを確認しておきたい。

そもそも当時の古本屋は「目利き10年」といわれるほど、専門的な知識が必要だった。ところがブックオフを創業した坂本孝は中古ピアノの買取販売出身で、本の専門家ではなかった。実はこうした異業種からの参入が、それまでの古本屋とは異なるブックオフを可能にしたのである。

たとえば、当時の古本屋は暗い・汚い・かび臭いといわれていた。ところがブックオフは白塗りの壁に広い通路と明るい照明を設け、コンビニやファストフード店のようだと評された（『日本経済新聞』1991年9月30日夕刊）。また当時の新刊書店は出版社別に文庫を並べていたが、ブックオフでは著者別に並べた。さらに古本屋での買取りには専門的知識が必要だったが、ブックオフは定価の1割で買取り（専門的知識のないアルバイトでも対応可能）、研磨機で綺麗にしてから半額で販売する全店統一方針を導入した（3か月すると100円）。狭い店内に雑然と本が積まれた古本屋が当たり前だった当時において、明朗会計で清潔なブックオフはかなり目新しい書店に見えたのである。

興味ぶかいのは、ブックオフの登場によって新刊本を書店で買うのが「損」に見えはじめたことである。町の小書店では入手できない話題の本が、ブックオフで先に安く入手できるようになったためである。また出版社が売れ残りをブックオフに持ち込み、「新古本」として販売されることもあった。そのため、書店組合の会員から「ルール違反だ。一方で定価、一方で半値なら本は定価販売という原則が揺らぐ」という声があがり（『朝日新聞』1993年9月20日朝刊）、ブックオフと町の小書店は対立するようになった。

なかでも、町の小書店が営業妨害と考えていた「立ち読み」をブックオフでは認め、コンビニのように「いらっしゃいませー」と声をあげてお客を迎えた点は対照的だった。以下の引用で、当時の雰囲気を追体験してほしい。

> 「ブックオフコーポレーション」の喜連瓜破駅前店（平野区）は今年五月、紳士服店がテナントビルから撤退したあとに開店した。……（中略）……。四階建てビルの一、二階を占め、売り場面積は既存の四店を合わせた分よりはるかに広い。自動ドアを入る、「いらっしゃいませー」の連呼。サラリーマンや女子高生、小学生からお年寄りまで、思い思いに立ち読みしている。買った人も買わなかった人も「ありがとうございましたー」の声で店を出る。「清潔感」「気安さ」。これが店の演出のキーワードだ……。（『朝日新聞』1999年11月2日朝刊、大阪版）

(3)ジュンク堂

　三つ目の邪道は、ジュンク堂である。なぜ邪道なのかといえば、1996年11月に開店した大阪・難波店が店内に椅子とテーブルを設置して「座り読み」を認めたからである。

　そもそもジュンク堂や紀伊國屋が都市部に大型書店を出すようになったのは1990年代半ばである（1994年にジュンク堂書店明石店、1996年に紀伊國屋書店新宿南店）。この背景には新刊点数の急増とバブル経済崩壊にともなう賃料の低下があり（『日経流通新聞』1996年7月2日）、都市部ではより多くの本をより広い場所で売るようになったのである。

　ところが、こうした書店の大型化には「本当に読みたい本が見当たらない」「本が羅列されているだけで探しにくい」といった反応も少なくなかった（『日本経済新聞』1996年7月21日朝刊）。そこでジュンク堂は難波店内に木製の椅子とテーブルを設置し、喫茶室も設けて「立ち読み厳禁、座り読み大歓迎」という宣伝文句を掲げることにした（『朝日新聞』1996年12月12日夕刊）。町の小書店では「立ち読み」を営業妨害と考えていたのだが、ジュンク堂では「座り読み」を認め、店内での滞在時間を増やそうとしたのである。

　といっても、当初はインテリアと間違われ、誰も座らないこともあったらしい。ジュンク堂と同様に椅子を用意した東京・池袋のリブロでは、「どうぞ座

ってお読み下さい」というラベルをわざわざ貼っていたようである（『日本経済新聞』1997年4月8日夕刊）。また購入前の本をカフェに持ち込むことはいろいろ心配されたが、ジュンク堂仙台店では「常識の範囲内であれば、構いません」と対応した（『朝日新聞』1998年1月19日朝刊、宮城版）。こうして「座り読み」はじわじわと広がり、1997年にジュンク堂池袋店が開店した時には、以下のような空間になっていたのである。

> 大型書店であることをアピールするため、外観は知的で目立つことを心掛けた。そのため、全面ガラス張りにして堅いイメージを演出し、エスカレーターを外から見える場所に設置して緑のライトで強調した。内装については、客が落ち着いて本を選べる環境づくりに重点を置いた。書店の命ともいえる棚は、スチール製の倍以上の経費がかかるが、人の気持ちになじみやすい木製にこだわった。本の種類を数多く置くために平台をなくし、床から天井まで斜め三角形の書棚を並べた。床と垂直な棚で受けがちな圧迫感を緩和するための工夫だ。座り読みスペースのテーブルといすも特注。できるだけ長居してもらえるよう、ひじ掛けやいすの高さ、そしてテーブルとのバランスなどを考慮したデザインになっている。書店は明るいのが一番と考え、照明には蛍光灯を使用している。（『日経流通新聞』1998年4月14日）

（4）ヴィレッジヴァンガード

　四つ目の邪道は、ヴィレッジヴァンガード（以下、VV）である。VVの第1号店が愛知・名古屋に開店したのは1986年10月で、その店舗数は1990年代なかばから急増している（1996年に10店舗、2002年に100店舗、2009年に300店舗）。VVはその個性的な店づくりから全国チェーンに馴染まないと思われていたが、永江朗によるとVVは「本に頼らない本屋の成功例」である（永江 2014：196）。

　「遊べる本屋」を標榜するVVは、「売れ筋だけを並べた本屋が嫌いだった」という対抗心からスタートしている（『日本経済新聞』1997年3月1日朝刊）。そこでVVはサブカルチャー系の既刊本と雑貨を一緒に陳列し、店員による個性的な手書きPOPを添えたのである。VVの倉庫のような外観、おもちゃ箱をひっくり返したような店内は、明るく見通しのよい郊外型書店やブックオフとも異なり、こうした「書店らしからぬユニークな品ぞろえと店づくりが、『本離れ』

の若者の遊び心をつかんで」いたといわれる（『日本経済新聞』1999年10月30日夕刊）。当時の店内は、おおよそ以下の通りである。

　　広々とした店内に一歩足を踏み入れると、雑然とした雰囲気に圧倒される。人気キャラクターのぬいぐるみ、外国製のスナック、ジュークボックス型のCDプレーヤーなどが迷路のような店内に所狭しと並び、本物のバイクまである。五メートルはあろうかという高い天井からは様々な装飾物がぶら下がり、眺めているだけで飽きない。壁面には書棚がそびえ立ち、所々にはしごが備え付けられている。本の品ぞろえも通常の書店とかなり違う。映画、車、音楽、若者風俗といった分野に限られ、それぞれが充実している。例えば自動車マニアの愛読誌「カーグラフィック」は最新号から七〇年代のバックナンバーまである。最新のベストセラーなどは見当たらない。（『日経流通新聞』1999年9月28日）

　それでも、創業時は「本屋のお客は品ぞろえでは来ません。駐車場と面積です」と取引先からいわれたようである（『日経流通新聞』2017年12月15日）。また、お客からは「ニューズウィークもないのか。レベル低いね」と酷評されていた（『朝日新聞』2003年4月29日朝刊）。新刊本が並ぶ場所が書店だと考えていた人びとにとって、VVは「邪道な本屋」に見えたのである（『朝日新聞』2003年4月11日夕刊）。

　こうしたVVへの褒め言葉は「変な本屋」である（『日本経済新聞』2005年5月2日朝刊）。特徴的な例をあげると、店員が知恵を絞って書いた個性的なPOPに「消費者がニヤリとする」ことである（『日経流通新聞』2005年11月11日）。これは出版社による売り文句（帯の推薦文など）に反応するのとはちょっと異なる。つまり、VVの面白さは既存の商品をネタにした店員の念入りなボケに対して、お客が上から目線で突っこめる点にあった。こうしたいままでにない店員とお客のやりとりこそ、VVの特徴だったと思われる。

4. TSUTAYAと個性派書店の現在

本章はここまで、1990年代を邪道書店の時代として描いてきた。コンビニの

登場は郊外型書店を生み出し、ブックオフは「立ち読み」、ジュンク堂は「座り読み」を解禁し、VV は「遊べる本屋」を標榜した。書店の本道と邪道がせめぎあった平成の30年間は、書店のルールが次々更新された時代だったといえよう。そこで最後に、ここまでの展開を現在の書店と関連づけておきたい。

まずは TSUTAYA である。1983年に大阪・枚方で創業し、1994年に東京・恵比寿に進出した TSUTAYA（ビデオや CD のレンタル＋雑誌販売）が書籍部門を本格的に強化したのは、2003年4月に東京・六本木で TSUTAYA TOKYO ROPPONGI を開店してからである。売場の半分を書籍にし、スターバックスコーヒーを併設したこの店は「次世代 TSUTAYA」のモデルと呼ばれ、後に蔦屋書店を中核とした生活提案型商業施設を生み出すことになる（2011年に代官山 T-SITE、2014年に湘南 T-SITE、2015年に二子玉川蔦屋家電、2016年に枚方 T-SITE）。

「あそこに行けば、何か面白いモノが見つかる」という TSUTAYA の成長を支えたのは、T ポイント（2024年春から、青と黄色の V ポイント）と呼ばれる独自の情報システムである（『日経流通新聞』2003年5月27日）。大型書店や VV とも異なる独特な陳列（Travel, Food, Design…）に戸惑う書店ファンも多いだろうが、膨大なマーケティングデータを利活用する TSUTAYA は「ビッグデータから、お客さんの気分を感じ取って、ワクワクしてもらえるような提案」をする場所を目指している（川島 2015：145-146）。つまり、TSUTAYA は独自のデータベース分析を可視化したショールームと考えられ、いわゆる新刊書店とはかなり異なる場所である。なお2010年代半ばからは図書館運営（武雄市、海老名市、多賀城市、高梁市…）や海外進出（中国）もしている。

次にブックカフェである。ジュンク堂が「座り読み」を認めて以降、2000年頃までにカフェを併設した書店は急速に増えたが、「ブックカフェ」の起源は特定が難しい。2003年頃にはブックカフェを俯瞰する書籍（散歩の達人ブックス 2003）が流通するようになり、「都心を中心に広がる大規模再開発ラッシュ」が書店とカフェの連携を後押ししているともいわれた（『日本経済新聞』2003年7月12日夕刊）。もちろん古本屋ではかなり前からカフェを併設していたようだが、TSUTAYA とスターバックスコーヒーが連携を強化したのも2005年からである（『日本経済新聞』2005年3月23日朝刊）。

またブックカフェと重なるように増えたのが、小規模の個性派書店である。

これも厳密な定義は難しいのだが、都市部に大型書店が増えた結果、逆に「店主の個性やセンスを発揮した書籍のセレクトショップ」が注目されるようになったと言われる（『日経プラスワン』2006年1月21日）。たとえば、2006年に大阪・心斎橋に開店したスタンダードブックストアは「本屋ですが、ベストセラーはおいていません」と宣言し、2006年に生活館を併設した京都の恵文堂一乗寺店は「もはやふつうの本屋とは言い難い複合店」になっていた（堀部 2013：15）。また「文脈棚」で知られる東京・千駄木の往来堂書店の元・アルバイト内沼晋太郎が「これからの街の書店」をコンセプトに東京・下北沢にB&Bを開店したのは2012年で、その特徴は「毎日イベントを開催すること」「ビールをはじめとするドリンクを提供すること」「本棚を中心とした家具を販売すること」の三つだった（内沼 2013：139）。書店はビールを飲みながら著者のトークに耳を澄ます場所にもなったのである（コロナ禍以後はイベントの配信も）。

　さらに2010年代後半には、棚貸し型の書店（みつばち古書部、BOOK SHOP TRAVELLER、ブックマンションなど）が登場した。これらは個人が書店の一棚を借り、店主となって好みの本を並べるスタイルである。「出店調整」があった時代に比べると、本屋になりたい人へのハードルはかなり下がった。

　このようにして、冒頭に確認した現在の風景にいたる。もちろん本章で紹介できなかった事例は少なくないが、かつて営業妨害と考えられていた多くのことが現在の書店では認められるようになった。邪道に見えた書店の試行錯誤が、現在の書店の「当たり前」を支えているのである。

　それでは最後に、こうした変遷をどのように考えることができるのか。ここで「ブックカフェは、必ずしも本を読むための場所ではない」、むしろ「本がある心地よい空間」だと考えている点に注目したい（『日経産業新聞』2013年12月11日）。これを踏まえると、ブックカフェを「サードプレイス」と考えることもできるのではないか。

　オルデンバーグによると、サードプレイスはファーストプレイス（自宅）やセカンドプレイス（職場）とは異なり、コミュニティ生活の拠点や広範囲な出会いのきっかけになる場所である（オルデンバーグ 2013）。

　サードプレイスはインフォーマルな集いに従来とは異なる公共性を見出そ

としており、この視点に立てば、ブックカフェでのトークイベントや棚貸し型の書店は新たな可能性だと考えられる。邪道書店の歴史は、サードプレイスの歴史なのかもしれない。とすれば、まずは現状のバリエーションを丁寧に調査し、どういう意味でのサードプレイスなのかを分析的に明らかにするのが今後の課題として重要である。

（加島　卓）

◆ 取り組んでみよう ◆

（1）「親世代がよく通った書店」また「祖父母世代がよく通った書店」についてインタビューし、当時の書店がどのような場所だったのかを聞いてみよう。また親世代や祖父母世代が「捨てられずにまだ持っている本や雑誌」を見せてもらい、その思い出を聞いてみよう。自分の世代、親の世代、祖父母の世代で比較をすること。

（2）『美しい本屋さんの間取り』（エクスナレッジ、2022年）を読み、大型書店、個性派書店、古本屋、蔦屋書店、ブックカフェ、ブックホテル、棚貸し型書店などを訪れ、構成要素別（店構え、看板、本の並べ方や見せ方、探しやすさ、本棚の種類、POP、動線、照明、床の模様、店内のサイン、間仕切り、自主出版物の扱い、カフェのメニュー、客層など）に分解・再構成し、調査結果から何が言えるのかを考えてみよう。

ブックガイド

柴野京子『書物の環境論』（弘文堂、2012年）：出版や書店関係者の本は多いが、それらを俯瞰する研究書が少ない。本章では省略したネット書店の動向も含め、業界の全体像をつかめる一冊。同著者の『書棚と平台』（弘文堂、2009年）では、現在のように本棚が並ぶ書店の起源が明治中期における「開架陳列」の導入にあるという。歴史研究として必読。

「特集 本屋がどんどん増えている！」『本の雑誌』本の雑誌社、2021年5月号：2010年代後半に急増した個性派書店の展開を整理した特集。書店と出版社をつなぐプラットフォームを運営する渡辺佑一の「本屋の逆襲が始まる」や、本屋ライターとして棚貸し型書店を営む和氣正幸の「独立書店年表」は良記事。「いま行きたい！全国独立系本屋112」というリストは、旅の友としても重宝。

【参考文献】

本屋図鑑編集部・得地直美イラスト『本屋図鑑』夏葉社、2013年。
堀部篤史『街を変える小さな店——京都のはしっこ、個人店に学ぶこれからの商いのかたち。』

　京阪神エルマガジン社、2013年。

川島蓉子『TSUTAYAの謎——増田宗昭に川島蓉子が訊く』日経BP、2015年。

北田博充『これからの本屋』書肆汽水域、2016年。

永江朗『「本が売れない」というけれど』ポプラ社（ポプラ新書）、2014年。

散歩の達人ブックス『東京ブックストア＆ブックカフェ案内』交通新聞社、2003年。

オルデンバーグ，レイ（忠平美幸訳）『サードプレイス——コミュニティの核になる「とび
　　きり居心地よい場所」』みすず書房、2013年。

内沼晋太郎『本の逆襲』朝日出版社、2013年。

谷頭和希『ブックオフから考える——「なんとなく」から生まれた文化のインフラ』青弓社、
　　2023年。

ショッピング 14

商業施設が媒介する文化の変容

▓ 1. 百貨店からショッピングモールへ？

　新型コロナウイルス感染拡大の影響も相まって、商業施設の新旧交代が著しい。

　「100年に一度の再開発」が進行している渋谷では、2018年に「渋谷ストリーム」と「渋谷ブリッジ」、2019年に「渋谷スクランブルスクエア」、2020年に「MIYASHITA PARK」が開業するなど、大規模な商業施設が相次いで誕生している。とはいえ、いまや欲しい商品を買い求めるだけであれば、商業施設に足を運ばなくてもオンラインショッピングで事足りる。フリマアプリ「メルカリ」の人気に後押しされて、中古市場も活況を呈している。そこで新規開業した大規模商業施設は、オフィスやホテルに加えて、公園や産業交流施設などを併設している場合もあり、「複合商業施設」と呼ばれるのが一般的だ。

　その一方、2020年に東急百貨店東横店が、2023年に東急百貨店本店が閉店している。また、1973年開業の「渋谷パルコ」は2016年に一時閉店。建て替えを経て、2019年に複合商業施設としてリニューアルオープンした。「渋谷マルイ」も2022年に一時閉店し、2026年までに建て替えられる予定となっている。

　都心ばかりではない。地方都市においても、百貨店を含む老舗店舗の相次ぐ閉店、かたや駅前再開発にともなう複合商業施設の開業は枚挙にいとまがない。

　1990年代のバブル崩壊後、駅前の一等地に立地している百貨店は、厳しい生存競争に晒され続けている。それに対して2000年施行の大規模小売店舗立地法による規制緩和にともなって、全国各地で巨大なショッピングモールの発展が目覚ましかった。商業施設の趨勢としてこの対比はわかりやすいものの、人びとの消費のあり方はそれほど択一的ではない。百貨店で服を買わないからといって、モールだけで事足りるとは限らない。どちらにも該当しない商業空間に

も、相当の業態があるからだ。

　たとえば、衣料品や服飾雑貨などの専門店を中心に構成されている商業施設は、「ファッションビル」という和製英語で呼ばれることがある。これは大都市圏に限らず、地方都市の中心市街地にも少なからず存在している。1990年代後半以降、ファッションビルに業態転換した百貨店も少なくない。

　ところが2010年代後半以降、商業施設のテナントについては、保険・住宅の相談所、中古品買取店、携帯電話の販売店などが増加している反面、衣料品や服飾雑貨を扱う店舗は減少傾向が続いている（『日本経済新聞』2023年2月20日朝刊）。ファッションが商業施設の主役ではなくなってきたことで、ファッションビルという呼称があまり使われなくなり、その代わり、複合商業施設という呼称が広く定着したわけである。

　そこで本章では、ファッションビルと呼ばれる商業施設を補助線として、消費文化の変容について考えてみたい。結論を先取りすると、1970～1980年代に相次いで開業したファッションビルの歴史を振り返れば、百貨店やショッピングセンターの効率主義に対抗し、「高感度」な若者のための新興ブランドの流通を支えていたが、2000年代以降はむしろ、百貨店とショッピングモールのあいだに位置する「ほどほど」の存在に落ち着いてきたことがわかる。

■■■ 2. ファッションビルが尖っていた時代

（1）百貨店とショッピングセンターの効率主義

　三越呉服店は1904（明治37）年に「デパートメント・ストア宣言」をおこない、1914（大正3）年には東京・日本橋本店に、地上5階、地下1階の鉄筋コンクリート造、ルネッサンス式建築の新館が落成した。それぞれ異なるテーマに基づいて商品が陳列された各階の売り場を、エスカレーターやエレベーターで快適に移動できる。西洋風の休憩室、喫茶店や食堂、遊具を備えた屋上庭園などによって、くつろいだ時間を過ごせる空間の演出は、その後の百貨店建築のあり方を決定づける模範となった。

　教養や資本に支えられた「良い趣味（good taste）」とは従来、長い時間をかけて醸成されるものだった。だが、地方から都市に流入し、会社員になった人

びとなど、とりわけ上昇志向の強い新中間層には、百貨店の商品を手堅く購入することで「良い趣味」を効率的に獲得できると信じられるようになる（神野 1994）。流行が定期的に更新される百貨店の販売戦略は、戦後に花開いた大衆消費文化の構図を先取りしていた。

　新中間層の増加などによって郊外開発が促され、昭和に入ると都心と郊外をつなぐ鉄道路線が発展していく。その結果、呉服店から発展した百貨店とは異なる、電鉄事業者による百貨店が都心側のターミナル駅に併設されるようになる。そして地下鉄の登場とともに、地下街の開発も進んだ。

　戦後のさらなる郊外化にともない、東京では新宿駅や渋谷駅、大阪では梅田駅などのターミナルには、いくつもの鉄道会社の路線が乗り入れるようになる。さらに1964年の東京オリンピックに向けた道路整備などによって、バスやタクシー、自家用車などとの連係を保つ必要も生じるようになった。その周囲に呉服店系百貨店も進出した結果、ターミナル駅（電鉄系百貨店）とのあいだを接続する道路沿いには専門店が入居し、商店街が形成された。

　同じ頃、急速な都市化によって行き詰まりをみせる都心の問題を解決する糸口として、都心部の百貨店と同じような、ゆったりとした回遊性や遊覧性を担保した消費空間が、郊外開発のなかで模索されるようになる。商店街や百貨店といった既存の小売形態とは異なり、アメリカを中心とした西洋諸国の新しい流通モデルを表現する概念として、ショッピングセンター（以下、SC）という言葉が輸入された。ただし、日本で最初にこのモデルに注目したのはスーパーマーケット業界であり、1960年代初頭には百貨店に挑戦するかたちで、駅前立地型の SC が誕生していた。

　SC は不動産業ないし不動産賃貸業であり、核テナントと専門店の集積によって構成されるのが基本形である。1970年代の郊外型 SC は行政との連携が欠かせず、商業機能のみならず、サービス機能やコミュニティ機能などを集積させた「都市」を目指していた。それに対して、1980年代には不動産系企業の事業参入などによって、対立関係にあったはずの百貨店との結びつきが強まった。当初、百貨店の西洋式建築物に象徴される「良い趣味」は、機能性や採算性を優先してきた SC の魅力を高める資源と見なされていたが、1990年代以降の SC にはシネマ・コンプレックスやゲームセンターなどが積極的に導入され、

買い物だけでなく、エンターテインメントの場という色あいが濃くなっていった。

　SC は既存店舗の維持に執着するとは限らない。採算が合わないと判断すれば躊躇なく閉業し、別の魅力的な立地に新店舗を開発する、いわゆる「スクラップ・アンド・ビルド」を戦略的におこなっている企業が多いのも SC の特徴である。

　SC のなかで、テナントが通路状に配置されているのが「ショッピングモール」であり、三層ガレリア（中央が吹き抜けになっていて、その回廊沿いに店舗が並ぶ三階建構造）などの様式が多用されている。たいていのモールは外観には無関心で、内装だけが整っている（東・大山 2016）。

　ショッピングモールは2000年代以降、社会評論の対象として、あるいは社会学の研究テーマとして、盛んに論じられている。それは当初、郊外におけるロードサイド店舗の拡大と併せて、否定的に取り上げられることが多かった。たとえば評論家の三浦展は、中心市街地における商店街の衰退を引きあいに出し、景観の貧しさや地域性の喪失と結びつけながら、これを「ファスト風土化」と呼んで批判した（三浦 2004）。もっとも2010年代以降は、好むと好まざるとに

かかわらず、ショッピングモールに象徴される郊外型の消費空間が、都市ひいては社会全体に広がるという認識のもとで、さまざまな分析がおこなわれている（速水 2012；若林編著 2013；東・大山 2016；三浦 2023など）。裏を返せば、ショッピングモールに着目することで、現代社会の諸相——グローバリゼーションの影響から地域社会のあり方まで——を見通すことができるとまで考えられるようになった。

（2）ファッションビルの文化戦略

　郊外開発にともなって欧米型の SC が日本に登場した60年代、日本独特の商業施設として都市部に誕生したのが「ファッショ

ンビル」である。

　その発祥は1969年開業の「池袋パルコ」とされる。ここはもともと、池袋駅と直結していた百貨店が経営的に行き詰まり、西武百貨店が引き受けた不動産物件だった。当時の百貨店では、大きな売り場にブランドごとの商品棚が置いてあるのが一般的だったのに対して、パルコは人気ブランドの専門店をテナントとして集積するという発想に行き着いた。商業ビルにカタカナのネーミングをあてること自体、当時は画期的なことだった（川島 2007：15-20）。そして1973年開業の「渋谷パルコ」は、渋谷駅から代々木公園にいたる「公園通り」の開発と一体化し、大学生から社会人になりはじめた団塊世代の女性に焦点をあてたテナントビルとして、大きな成功を収めた（図1）。

　ファッションビルは、1970〜80年代にかけて勢力を拡大していった。多店舗を展開したパルコと丸井を除外すると、1976年開業の「青山ベルコモンズ」や「新宿ルミネ」を皮切りに、「ラフォーレ原宿」（78年）、「渋谷109」（79年）、「新宿アルタ」（80年）、「新宿ミロード」（84年）、「青山スパイラル」（85年）などが続いた。青山、新宿、原宿、渋谷といった地名が入っているように、それぞれの街の先進性を象徴する存在として、都市開発のなかに位置づけられた。

　不動産業ないしは不動産賃貸業という業態に着目すれば、ファッションビルはSCの範疇に含まれるが、両者の違いは何だろうか。まず、ファッションビルには核テナントが存在せず、専門店の集積だけでひとつの商業施設が構成されているのが、一般的なSCと大きく異なる点である。また、見通しのいい遊歩道を歩く感覚で、通路の両側に並んだ専門店を見て回るように設計されたショッピングモールに対して、ファッションビルには、狭い小路をそぞろ歩くのに近い雑然感がある（川島 2007：24-29）。すなわち、単独で都市そのものを偽装するショッピングモールとは対照的に、ファッションビルは繁華街とともに成長していったところに大きな特徴がある。当初は東京23区のなかでも、流行性が高い地域に集中していたが、やがて東京以外の大都市圏、さらに地方の中核都市にも開業していく。

　また、都市型の商業施設という点では百貨店にも似ているが、両者の違いは何だろうか。個性的なファッション（→第5章）を求める団塊世代の若者たちに応える、いわばベンチャーとして登場した新興ブランドの商品は当初、ほと

んどの百貨店では相手にされず、ファッションビルがその受け皿となった。とりわけ、1980年代に一世を風靡した「DC ブランド」の販路として、多くの若者を惹きつけたのが（西武百貨店と）パルコ、そして新宿や渋谷の丸井である。DC ブランドとは、日本のファッションデザイナーが主導する「デザイナーズブランド」と、あえてデザイナーの名前を掲げず、ブランドの個性を戦略的に打ち出す「キャラクターズブランド」の総称で、いずれも日本独自の概念である。前者を代表するデザイナーとして、松田光弘（「NICOLE」）、菊池武夫（「BI-GI」、「MEN'S BIGI」）、三宅一生（「ISSEY MIYAKE」）、川久保玲（「COMME des GARÇONS」）などがあげられる。後者を代表していたのが、「COMME ÇA DU MODE」や「PERSON'S」などである。なお、新しいライフスタイルの提案と相まって、インテリア雑貨という市場を成長させたのもファッションビルであった。

西武百貨店とパルコの両方に勤務した経験がある斉藤徹によれば、1970年代におけるファッションビルの革新性は、効率主義からの脱却であり、「人間中心主義」への回帰だったという。エスタブリッシュメント（秩序や権威）の象徴ともいえる百貨店の構造が、エスカレーターとエレベーターを効果的に活用した、わかりやすいフロア構成だったのに対して、ファッションビルが目指したのは、階段やスキップフロア（段差によって中二階や中三階を設ける間取り）の積極的採用など、一見非効率な空間構成だった（斉藤 2017：177-180）。

ファッションビルではないが、「手の復権」を掲げて1976年に創業した「東急ハンズ」（現・ハンズ）も、狭い傾斜地に建設された渋谷店（1978年開業）において、スキップフロアによって回遊性を高める独特の空間構成を採用し、大きな成功を収めた。加島卓によれば、東急ハンズは大量生産的な画一性とは別に、個別のニーズに応じた多様な消費を促したが、このようなライフスタイルそのものの提案は、ある種の近代批判にも聞こえる（加島 2013）。

また、1970年代におけるパルコの特殊性を、西新宿の開発に象徴される都市の管理化に対する「反システム的な動き」と位置づけているのは、1980年代に同社に勤めていた三浦展である。パルコは西武資本ではあったが、システム的な百貨店の販売戦略とは一線を画していて、消費社会の象徴としてとらえるのは一面的であるという（三浦・藤村・南後 2016）。

もっとも、1977年にパルコが創刊したマーケティング雑誌『アクロス』（三浦が1980年代後半に編集長を務めていた）は1980年代、ファッションの嗜好性によって若者をグループ化することで、それが購買行動だけでなく、価値観やライフスタイルの違いにも結びついているという考え方を定着させた。そしてパルコの躍進は、西武百貨店を中核とするセゾングループによる多角的な文化戦略——美術館・書店・映画館・劇場などの経営、出版事業や映画事業など——を後押しした。いわゆる「セゾン文化」は、消費社会の行方に関心を向けていた評論家や社会学者にとって魅力的な研究対象になっていった。

　また、渋谷パルコよりも前衛的な広告戦略を展開し、気鋭のブランドを積極的に採用した「ラフォーレ原宿」も、1982年に「ラフォーレミュージアム」を開設する。自社商品を取り扱わないからこそ、商品の枠に縛られることなく、広告戦略や文化戦略を自由に展開することができた（斉藤 2017：173-175）。そしてこの頃、ファッションビルの先進性を表現するさい、「高感度」という言葉が広く用いられるようになる。たとえば、「渋谷にファッショナブルな人間が集まるということは、高感度な人間が集まるということである。この高感度なヤングやヤングマインドをもつ人たちに『仕掛け』をしたのが、西武セゾングループであり、丸井なのである」（椎塚 1986：16／傍点ママ）という具合である。

　ところが、ファッションビルが勢力を拡大し、多店舗化していくにしたがって、強烈な個性を主張することが難しくなり、均質的なイメージが浸透してしまった。もともと月賦百貨店（分割支払いによって商品を販売する小売店で、一般的な百貨店とは区別される）として事業を拡大していた丸井が、DC ブランドのブームを機に、パルコと競合するかたちでファッションビル事業を展開していった影響も大きい。1985年に京成百貨店から譲渡を受けて「丸井上野店」を開業したように、もとをたどれば「池袋パルコ」が先鞭をつけた百貨店のファッションビル化も、珍しいことではなくなっていった。

　そこで、ファッションビルはそれぞれ顧客のターゲットを見直し、差別化による生き残りを図っていく。たとえば、「渋谷109」は1989年に「SHIBUYA 109」に名称を変更し、20代後半から30代の女性をターゲットとしていたが、1995年のリニューアルを機に10代後半から20代前半に下方修正した。「EGOIST」や「CECIL McBEE」など、いわゆる「ギャル系」のテナントが看板と

なり、1999年頃には「カリスマ店員」が社会現象になった。

　バブル崩壊に端を発する長期不況期に、セゾングループの文化事業も相次いで失墜し、渋谷という都市の舞台性は急速に退潮していく（北田 2002→2011）。それでも渋谷は1990年代を通じて、差異化の欲望に支えられたファッションの発信地であり続けた（→第5章）。

■■■ 3. │ ジャンルの融解

（1）「高感度」から「ほどほど感覚」へ：1990年代以降の丸井

　同じ頃、都内に住む多くの男子大学生にとって、新宿や渋谷の「マルイヤング」で服を買うことは「無難」な選択だった。ファストファッションのブランドが台頭する以前、ノーブランドの路面店、あるいは「SHIBUYA 109」のようなファッションビルでそれなりの服を入手できる女子とは違い、男子が安くて見栄えの良い服を見つけるのは容易でなかった。百貨店で扱っているブランドには手が届かないし、そもそも若者向けの品揃えが少ない。いわゆるストリートファッションは、価格こそ手頃だが、流行の変化が早すぎて着こなし方が難しい。ある大学生は2000年頃、自身の運営するテキストサイト（→第3章）のなかで次のように記している。

> 　結局、大学生でも手が出て、それなりにお洒落に見えるような男物の服を大量に扱ってるのは、丸井しかないんですよね。他のデパートに男物は少ないですし、ブランドそれぞれの店をいちいち巡るのは正直面倒だったりします。この点、ノーブランド系路面店でもそれなりの服が売られている女の子が羨ましいですね。このコラムをお読みの女性（いるのか？）には知っておいて欲しいのですが、男がお金をかけずにお洒落するのはとても難しいのです。安くて見栄えがする品なんて全然ないし、丸井で売られている服の値段を男女で比べてみてください。ノンノとメンズノンノを見比べてみてください。男のお洒落は高くつくのです。
> 　（「東大ファッション通信」(2000年)http://web.archive.org/web/20010303054502/
> http://www.eurus.dti.ne.jp/~tanyaka/column-f/todaicloths2.htm）

　1998年に「ユニクロ」の旗艦店が原宿にオープンし（2012年に閉店）、ファス

トファッションの台頭が決定的になるまで首都圏で丸井の存在は絶大だった。しかし、パルコの文化戦略に関する言及の多さとは対照的に、時流に適応した経営戦略にこそ定評があった丸井は、社会学のなかではあまり注目されていない。

1931年に中野店から創業した丸井は、「駅前の丸井」をキャッチフレーズに店舗を拡大していく。1960年に日本初のクレジットカード「赤いカード」（現・エポスカード）を発行し、1980年代には物販とキャッシング（小口消費者金融）を複合化した。1970年代以降、月賦百貨店というイメージからの脱皮を図るべく、一貫して「ヤング」と「フ

図2　マルイシティ渋谷（2015年に一時閉店し、「渋谷モディ」として開業
https://commons.wikimedia.org/wiki/File:Marui-City-Shibuya-01.jpg）

ァッション」を前面に打ち出した店づくりを展開し、1990年代初頭まで30年連続の増収増益を達成する。外観は百貨店に似ている店舗が多かったが、「丸井は、百貨店でもスーパーでもない。丸井は丸井としかいいようがない」（赤澤 1998：61）と自負する独特の地位を確立した（図2）。

欲しいDCブランドの高級服を、丸井であれば分割払いによって、すぐに手に入れることができる。各ブランドの路面店を巡って歩くよりも手軽で、格段に敷居が低いため、愛用者の裾野が大きく広がった。年に2回開催される「スパークリングセール」には、中高生や大学生などが開店前から行列をなした。「彼らは"赤いカード"を持つことを、まるでステータスのようにしていた。未成年者は、親をくどき落としたり、年齢を偽ってまでこのカードを持つことを誇りにしていた」（坂口 1990：3）。

バブル崩壊以後の長引く消費停滞にともない、小売業界が軒並み業績不振に陥っていたなかで、丸井は1990年代なかば以降、首都圏でスクラップ・アンド・ビルドを繰り返し、堅調な売上を維持していた。顧客ターゲットを好不況に影響されにくい10〜20代に絞り、とくにメンズ商品の売れ行きが好調だった。こうして1990年代を通じて、比較的手頃で無難なDCブランドは、丸井で延命していく。

さらに一部のDCブランドは、ディフュージョンライン（手頃な価格のサブブランド）を相次いで開発し、全国のショッピングモールにも展開していく。たとえば、菊池武夫が1984年に設立した「TAKEO KIKUCHI」は、現在では百貨店を中心に展開しているのに対して、サブブランドの「TK」はファッションビル、「THE SHOP TK MIXPICE」はショッピングモールを中心に展開している。また、「COMME ÇA DU MODE」の運営会社は、「COMME ÇA ISM」（1993年）や「MONO COMME ÇA」（1999年）などのサブブランドを急成長させた。

　それに対して、1990年代に台頭した新興ブランドは、地道にファンを増やすことで店舗や売り場を増やしていったが、DCブランドの半額ほどの価格設定で、奇抜過ぎない等身大のデザインが支持を得ていった。これらが2000年代、ショッピングモールのメインテナントとなり、全国各地に「ほどほどプライス＆ほどほどトレンド」という「ほどほど感覚」（高野 2011）を助長させていった。ショッピングモールの台頭に先立って、丸井がバブル崩壊後にいち早く体現していたのが、まさにこの「ほどほど感覚」だったといえるだろう。

（2）効率化するファッションビル

　自動車による移動に支えられた郊外生活が、ショッピングモールの発展をもたらした反面、鉄道を中心とする公共交通機関の利用者に対しては長年、駅前百貨店が圧倒的に有利な立場にあった。しかし2000年代以降、中心市街地の再開発を象徴する商業施設は、百貨店からファッションビル、さらには複合商業施設へと移行している。

　1990年代末、丸井は「ヤング」偏重からの脱却を目指し、首都圏郊外でファミリー層を狙った業態開発を本格化させていく。郊外の大型専門店は、かつて丸井に馴染んでいた人びとを呼び戻す効果を見込んでいた。2007年に開業した「有楽町マルイ」はターゲットを上方修正した郊外型店舗の都市回帰だった。丸井はまた、プライベートブランドを全国各地のショッピングモールに展開する。1995～99年がその拡大期で、脱ブランド化への過渡期でもあった（佐藤 2008）。2000年代に入ると丸井は西日本にも本格進出し、いずれも衣料品が中心ではなく、雑貨店や飲食店、食料品店などを充実させている。第5章でみたように、ファッションの差異化が乗り越えられるべき対象となり、テイスト

が平均化していった帰結である。

　また、JR 東日本の連結子会社であるファッションビル「ルミネ」は1980年代以降、ライフスタイルの変化に応じてテナントを入れ替え、時間をかけて館に統一感を持たせる戦略を展開していった。その結果、テナントからは百貨店よりも高い評価を獲得するまでになる（『日本経済新聞』2010年11月11日夕刊）。JR東日本のグループ会社が手がけるファッションビル「アトレ」、駅改札内（いわゆるエキナカ）開発事業の「エキュート」も、首都圏で存在感を増している。エキナカ事業としては、東京地下鉄（東京メトロ）の「エチカ」「エチカフィット」がこれに追随しており、移動者にとっての効率性が追求されている。

　こうした動きは首都圏に限らない。戦後復興期、民間資本の導入によって建築された駅舎は「民衆駅」と呼ばれ、1970年代頃からは「駅ビル」あるいは「ステーションデパート」という名称で定着した。商業施設としては売り場の統一感に乏しく、洗練されているとはいいがたい存在だった。しかし近年、建て替えや改装をきっかけに、新しく生まれ変わっている駅ビルが多い。従来は一駅一会社が原則だったが、ファッションビルのブランドのもとで統合も進んでいる（斉藤 2017：136-138）。

　以上のように、1990年代後半以降に登場あるいは改装したファッションビルは、いずれも街との結びつきが希薄になり、消費における効率性が追求されるようになった。「きれいに整えられた大型の売り場、年代やテイストで区分されたフロア構成、どこに行っても同じようなテナントショップ。つまり、どこもが均質化しているという意味で、安心して訪れることができる場、便利に買い回りできる場となっている」（川島 2007：203）。つまり現在のファッションビルは、外部との関係性を遮断し、内部だけで完結しているショッピングモールの設計思想に接近している。駅前立地型 SC との差異を担保していた文化戦略もそれほど機能しなくなった。そして近年、複合商業施設という名称の定着が象徴しているように、商業施設のジャンルが融解しているともいえるだろう。

■■■■ 4. 二項対立をずらしてみる

　百貨店／ショッピングモールの二項対立は長年、縮小する中心市街地／拡張す

る郊外という社会動向と重ねあわされてきた。しかし、人口減少にともなう超高齢化社会の到来を見据えて、これまでロードサイド型専門店によって発展してきた企業が相次いで中心市街地に進出するなど、都市回帰が急速に進んでいる。

　こうした機運に後押しされるかたちで、生活に必要な諸機能を近接させ、効率的で持続可能な都市を目指す「コンパクトシティ」と呼ばれる発想が、行政機関による提言などを通じて注目されるようになった。一方では、地方都市における中心市街地の活性化を、百貨店と商店街の再生によって目指そうとする試みがある（仲川 2012）。他方では、ショッピングモールの効率主義こそが、コンパクトシティの理念を体現しているという指摘もある。東浩紀によれば、同一性や均質性によって特徴づけられるモールは、社会的弱者に優しいバリアフリーな空間が実現しており、グローバル資本主義を前提とする「新しい公共性」を考えることにつながるという（東・大山 2016）。

　それに対して本章では、この二項対立をずらしてみるために、ファッションビルの歴史を簡潔に振り返ってみた。それは百貨店やショッピングモールと対抗しながらも、社会の変化にともなって互いに影響しあい、少なからず重なりあっている。人口減少社会に適した商業施設のあり方も、百貨店／ショッピングモールの二者択一ということはあり得ない。

　ただし本章で補助線として用いた、効率主義的である／ないという区別の仕方が、別種の二項対立に過ぎないことにも注意してほしい。つねに二項対立的思考をずらしながら、そのあいだにある領野に目を向けてみることが大事である。

（飯田　豊）

◆　取り組んでみよう　◆

（1）「親世代がよく服を買った場所」また「祖父母世代がよく服を買った場所」についてインタビューし、それぞれどのような場所だったのかを聞いてみよう。また親世代や祖父母世代が「捨てられずにまだ持っている衣料品や服飾雑貨」を見せてもらい、その思い出を聞いてみよう。自分の世代、親の世代、祖父母の世代で比較をすること。

（2）雑誌『商店建築』のバックナンバーに目を通し、近場にある商業施設や店舗が取り上げられている記事を探してみよう。どのような思想や意図に基づいて設計・建設されたのかを理解した上で、可能であれば現地を訪問し、実際の空間の使われ方や人びとの振る舞い方などを観察してみよう。当初の目的はいかほど達成されているだろうか。

ブックガイド

川島蓉子『TOKYO ファッションビル』（日本経済新聞出版社、2007年）：東京・青山界隈には戦後、1953年に竣工した原宿セントラルアパートをはじめ、若いクリエイターのアトリエやブティックが集中した。それらがやがてファッションビルを支えるテナントに成長していった過程が詳しく跡づけられている。

廣井悠・地下街減災研究会『知られざる地下街——歴史・魅力・防災、ちかあるきのススメ』（河出書房新社、2018年）：本章で取り上げたファッションビルや駅ビルと同様、日本の地下街も、郊外型 SC と同時並行的に発展した都市型の商業集積である。副題が示すとおり、本書はその歴史と現況を魅力的に伝えてくれる。

【参 考 文 献】

赤澤基精「ヤングとファッションに絞り込んだ複合型小売業 丸井——物販と小口金融を複合化、世界でもまれな業態確立」『流通とシステム』98号、1998年。

東浩紀・大山顕『ショッピングモールから考える——ユートピア・バックヤード・未来都市』幻冬舎（幻冬舎新書）、2016年。

速水健朗『都市と消費とディズニーの夢——ショッピングモーライゼーションの時代』角川書店（角川 one テーマ21）、2012年。

神野由紀『趣味の誕生——百貨店がつくったテイスト』勁草書房、1994年。

加島卓「縦長店舗と横長店舗（東急ハンズ）」近森高明・工藤保則編『無印都市の社会学——どこにでもある日常空間をフィールドワークする』法律文化社、2013年。

北田暁大『増補 広告都市・東京——その誕生と死』筑摩書房（ちくま学芸文庫）、2011年（初版 2002年）。

三浦展『ファスト風土化する日本——郊外化とその病理』洋泉社（新書 y）、2004年。

三浦展『再考 ファスト風土化する日本——変貌する地方と郊外の未来』光文社（光文社新書）、2023年。

三浦展・藤村龍至・南後由和『商業空間は何の夢を見たか——1960～2010年代の都市と建築』平凡社、2016年。

仲川秀樹『コンパクトシティと百貨店の社会学——酒田「マリーン5清水屋」をキーにした中心市街地再生』学文社、2012年。

斉藤徹『ショッピングモールの社会史』彩流社、2017年。

坂口義弘『丸井"強さ"の秘密——時流適応型の高感度企業』ぱる出版、1990年。

佐藤元彦「チェーンストアの経営戦略——丸井グループの事例」『商学研究所報』39巻7号、2008年。

椎塚武『高感度商人集団——丸井・西武にみる「脱流通」戦略』ジャテック出版、1986年。

高野公三子「ファッション≒ストリートカルチャーだった90年代を再考する」西谷真理子編
『ファッションは語りはじめた──現代日本のファッション批評』フィルムアート社、
2011年。
若林幹夫編著『モール化する都市と社会──巨大商業施設論』NTT出版、2013年。

セルフサービスの空間と時間

■ 1. 現在の風景

　コロナ禍は外食に壊滅的なダメージを与えた。外出の自粛、三密（密閉・密集・密接）の回避、緊急事態宣言による休業やまん延防止等重点措置に伴う時間短縮営業、そして酒類の提供禁止などにより、多くの飲食店が経営危機に追い込まれた。帝国データバンクによると、2020年に倒産した飲食店は過去最大の780件だが（『日経MJ』2021年1月13日）、実際にはこれ以上だったと思われる。

　マスクの着用、対人距離の確保（ソーシャル・ディスタンス）、消毒・検温・換気の徹底などは「新しい生活様式」と呼ばれた。飲食店では席数の削減、アクリル製パーティションの設置、キャッシュレス決済などが進み、テイクアウトや自動販売機による冷凍食品販売なども導入された。そして外食が控えられた分だけ、ウーバーイーツや出前館といったデリバリー・サービスが活用されるようになった。コロナ禍は外食をめぐる社会の風景を大きく変えたのである。

　具体例をあげると切りがない。厚生労働省のガイドラインに従ったある飲食店では「新しい生活様式コース」を用意し、大皿料理を避けて小皿で料理を提供し、ピッチャーでのアルコール提供を止めた（『日経MJ』2020年5月27日）。また「オンライン飲み会」に特化した居酒屋も登場し、Wi-Fiが設備された個室で食べ放題＋飲み放題を一人で楽しめるようにもなった（『日経MJ』2020年8月10日）。さらにはタッチパネルでの注文が当たり前になり、従業員に代わってロボットが配膳する飲食店も登場した（『日経産業新聞』2020年10月5日）。新型コロナウィルスが感染症法の第5類へ移行したことで（2023年5月8日）、これまで3年間の大混乱が急速にうやむやになりつつあるが、飲食店を利用する私たちの「規範」や「慣習」は急速に大幅に変わったのである。

　本章ではこうした外食をめぐる規範や慣習の変遷に注目したい。そこで、ま

ずは外食産業の歴史を確認する。次に空間と時間に分けて、飲食店におけるサービスの変遷を整理する。そして最後にセルフサービスを社会学的に考えるための視点を紹介したい。

■■ 2. 外食産業の歴史

日本フードサービス協会の「外食産業市場規模推計の推移」によると、外食産業の市場規模は1997年の約29兆円をピークに右肩下がりである。ところがこれに料理品小売業を加えると、2016年〜19年の市場規模は1997年のピーク時と同程度である。つまり、外食産業の現在は中食（コンビニ弁当や惣菜の持ち帰り）と競合関係にある。食の安全・安心財団の調査によると、たしかに外食率は1997年の39.7％をピークに下がっているが、中食を含めた食の外部化率は1997年以降、43％から45％のあいだを推移している。（2020年は36.3％、2021年は35.7％）。

なかでもファミリーレストランは外食産業の代表的業態で、「ファミレス旧御三家」と呼ばれたすかいらーく、ロイヤルホスト、デニーズはその誕生から現在にいたるまで、多くの変動を経ている。店舗数の減少や老朽化した店舗の改装（『週刊ダイヤモンド』2014年9月6日号）、深夜の利用客減とブラック労働問題による24時間営業の見直し（『朝日新聞』2016年11月19日朝刊）、そしてコロナ禍と人材不足に伴う配膳ロボットの導入などである（日本経済新聞』2021年10月18日朝刊）。

日本初のファミリーレストランは、1970年7月に第1号店をオープンしたすかいらーくである。これに続いてロイヤルホストは1971年12月に、デニーズは1974年4月に第1号店をオープンしており、すかいらーくは1978年、ロイヤルホストとデニーズは1980年に100店舗を達成した。このタイミングで外食産業が急成長したのは、1969年に第二次資本の自由化が実施されたからである（ケンタッキーフライドチキンは1970年11月に、マクドナルドとミスタードーナツは1971年4月に第1号店をオープン）。

当時の回想によると、1970年代のファミリーレストランは「休日の夕刻」に「自家用車」で出かけて、「家族全員」でハンバーグやピザといった「先端的なものを食べる」場所だったという（今 2013：156-157）。また当時の新聞記事によ

ると、「今までのレストランは駅のそばとか繁華街が中心だった」が、ファミリーレストランは家から「車で数十分以内のところに」あるのが新鮮だった（『朝日新聞』1978年10月29日朝刊）。1970年代のファミリーレストランは、自動車社会（モータリゼーション）における郊外暮らしの家族（サバーバニズム）が生活の西洋化（アメリカナイゼーション）を実感できる場所だったのである。

　1980年代になると、ファミリーレストランは利用者のニーズに合わせて多角的な店舗展開を進めるようになる。たとえば、すかいらーくは1980年4月にコーヒーショップのジョナサン、1983年11月に和食レストランの藍屋、1986年4月に中華レストランのバーミヤンの第1号店をオープンしている。すかいらーくの店舗数は1985年2月時点で391であり、系列店を含めて1年間に55店舗をオープンする勢いがあった（『朝日新聞』1985年2月19日夕刊）。また、デニーズの店舗数は1985年2月時点で219、ロイヤルホストの店舗数は1985年6月時点で222であり、この頃には全国の主要幹線道路でファミリーレストランを見つけられる状態になった。

　当時の回想によると、1980年代は「味・値段・サービス」に加えて「デザインと雰囲気、エンターテイメント性」を重視する新業態が流行し、「メニューには味より個性、空間には遊びの要素」が取り入れられたという（畑中 2013：176-177）。また当時の新聞は、東名高速道路の東京IC付近に「用賀アメリカ村」と呼ばれるファミリーレストランの密集地帯（すかいらーく系列のイエスタデイ、森永系列のプレストンウッド、デニーズの三店が1983年12月にオープン）が現れ、ドライブを楽しむ若者が深夜に遠方から集まっていたことを報じている（『日本経済新聞』1984年4月6日）。1980年代には24時間営業のお店も増え、ファミリーレストランは友人や恋人とおしゃべりする場所にもなったのである。

　こうしたファミリーレストランが現在の姿に近づくのは、1990年代に価格崩壊してからである。よく知られているのはすかいらーくからガストへの転換で、客単価は1020円から700円〜800円に引き下げられた（国友 1996：15）。1992年3月に第1号店をオープンしたガストは、1996年1月末に500店舗を達成している。こうした動きの背景には、①円高（外食産業は輸入食材）、②牛肉の輸入自由化、③経営コストの削減と低価格志向、④非正規労働者の積極的な採用、⑤土地価格の低迷、⑥低金利政策（設備投資に有利）などがあるが（茂木 1997：178-179）、

600円前後で食事と飲み物を揃えられるコンビニエンスストアが同時期に急成長したのも見逃せない（1974年5月に第1号店をオープンしたセブン-イレブンは、1984年2月に2000店舗、1995年5月に6000店舗を達成）。先述の通り、中食を除いた外食産業の市場規模のピークは1997年である。

　当時の回想によると、1990年代に登場したガストは「それまでぜいたくとされたファミレスを、単価の低いものというイメージに一気に押し下げた」という（『週刊ダイヤモンド』2017年11月11日号）。また当時の新聞は、バブル景気の崩壊で「少ないお金でしっかり食べたいサラリーマン」が増え、「ワンコイン（500円）以内で食べられる食事」が注目されるようになったと報じている（『朝日新聞』1993年11月24日夕刊）。そこですかいらーくは夢庵（1994年1月に第1号店）やバーミヤンで低価格路線を展開し、この流れにサイゼリヤ（1973年5月に第1号店）とびっくりドンキー（1968年創業）が加わった。1990年代のファミリーレストランは家族や友人と一緒でなくても、一人で満足できるコストパフォーマンスの良い場所になったのである。

■■■ 3. 空間と時間のサービス

　こうした歴史のなかでも興味深いのは、サービスの変遷である。ここでは空間と時間に分けて整理したい。

（1）ファミリーレストランという空間

　1970年代のファミリーレストランは、空間そのものが新鮮に見えた。たとえば、すかいらーく第1号店（東京都国立市）の天井は高く、大きなガラス張りの窓を設けた開放的な店構えである（図1）。そもそもこうしたお店が魅力的に見えたのは、当時の日本の居住空間が狭くて不便だったからである。そのため、ファミリーレストランの「フロアーは広く、インテリアもしゃれている」ように見え（『読売新聞』1980年7月29日朝刊）、クーラーが使われる夏季は「ミニ避暑地」として利用された（『朝日新聞』1977年4月28日朝刊）。カジュアルなアメリカンスタイルを特徴とした1970年代のファミリーレストランは、自宅より快適な空間だったと考えられる。

図1　すかいらーく第1号店（写真提供：
株式会社すかいらーくホールディングス）

図2　用賀アメリカ村にあるプレストンウッド（写真提
供：朝日新聞社）

　続く1980年代になると、空間の多様化が進む。たとえば、先述した「用賀ア
メリカ村」（図2）は次のように記録されている。

　　前庭の木に飾りつけたイルミネーションが輝く「プレストンウッド」に入ると、
　なるほど中は超満員。かなりのボリュームでロックが響く。入り口の壁に、さ
　りげなくモンティ（故モンゴメリー・クリフト、米国男優）の写真が飾られている。
　木張りの床は、レストランではタブーとされている段差があり、大小のテーブ
　ルのいすの形もさまざま。照明も、ランプシェードの卓上スタンド、コードペ
　ンダントと変化をつけ、高い天井には、大きな四枚羽の扇風機がゆっくりと回
　転している。そんなクラシックで、騒がしく、雑然とした雰囲気の中で、若者
　たちは楽しそうに食べ、語り、飲んでいる。（『読売新聞』1986年7月12日朝刊）

　このようにアメリカンスタイルと深夜の若者が結びつく一方、1980年代のフ
ァミリーレストランは昼下がりの主婦にも利用された。たとえば、「コミュニ
ティ・レストラン」を名乗ったカーサについて次のような記録がある。

　　どの店の入り口にも、コミュニティ・ボードを設置し、市や町の広報紙、「ご
　存じですか、国民健康保険」といったお知らせや小冊子、さらには美術展など
　の案内パンフレット、近くの系列スーパーの催し物、セールなどショッピング
　情報も置き、自由に持っていけるようにしている。店内には、地域の人たちが
　絵画展、書道展などの会場として活用出来るスペースも設け、店によっては、
　シェフが先生になって料理教室まで開いている。（『読売新聞』1986年7月11日朝刊）

深夜の若者や昼間の主婦といったターゲット別に空間を用意するようになったのが1980年代のファミリーレストランだとすれば、1990年代のファミリーレストランは娯楽的な空間になったと考えられる。たとえば、ガストは大型テレビを約40店舗に設置し、映画や地域情報を流しはじめた（『読売新聞』1994年12月15日朝刊）。また、1998年6月には日本代表チームが初出場したワールドカップ・サッカーをガストで見た客も多い（『読売新聞』1998年6月29日朝刊）。さらに、ジョナサンはお客に料理する姿を見せるために「オープンキッチン」を導入した（『読売新聞』1998年6月26日朝刊）。ファミリーレストランは「見る」場所にもなったのである。

　とはいえ、1990年代のファミリーレストランをもっとも特徴づけるのはセルフサービスの導入である。ガストはフロア店員をすかいらーくの約半分にし、入店客をテーブルへ案内するのを止めた。そして着席後に卓上の「呼び出しボタン」を押すと、ジーンズに白シャツ姿の店員がテーブルへ向かってくるようになった（『日経流通新聞』1993年10月16日）。またおしぼりサービスはなく、お水は自分で取りに行き、ナイフやフォークはバスケットにまとめられていた。これまでのファミリーレストランはさまざまなサービスを店員に提供してもらう受動的な空間だったが、セルフサービスを導入した1990年代のファミリーレストランはお客がサービスの一部を担うという意味で能動的な空間になりはじめたのである。

（2）ファミリーレストランにおける時間

　こうした空間の変遷は、実はファミリーレストランにおける時間のあり方と深く関わっている。開店当初のすかいらーくは、「30分待たなければ料理が出てこない時代に10分で出すことを目指していた」といわれる（今 2013：123）。このようなオペレーションを可能にしたのはロイヤルホストが先行導入していた「セントラルキッチン」方式であり、これによって食材は工場で一括調理され、各店舗では仕上げの作業だけで済むようになった。その後、ガストは「ジェットオーブン」と呼ばれるコンベア式の自動調理機器を導入し、厨房作業を大幅に単純化すると同時に料理提供までの時間も短縮した。こうしてすかいらーく本社では「注文してからレジまで40分という方針」が立ち、「昼食で10分、

夕食で15分以内」に食事が提供されるようになったのである（中村 1998：48）。

　このようにファミリーレストランは時間管理にきわめて高い関心を持っているのだが、興味深いのは、その一方でお客に長居を可能にするサービスも提供していることである。たとえば、デニーズは1974年4月の開店当時からアメリカンコーヒーのおかわりが自由で、フロアを歩き回る店員から注いでもらうことができた。この他にも、ステーキレストランのフォルクス（1970年に第1号店）ではサラダバー、あさくま（1972年に第1号店）ではライスの食べ放題を導入しており、食べたらすぐに追い出される場所ではなくなってきた。

　なかでも重要なのは、1992年3月に開店したガストのホットドリンクバー（180円で13種類）である。当時の新聞によると、ガストのドリンクバーは「飲み物代さえ払えば何時間でも粘れるようになったため、どうしても若者たちのたまり場になりがち」だったという。ドリンクバーが設置されたことで、若者はガストを「他のファミリーレストランより長居しやすい」場所と考え、他方の大人は「中高生が多く、話し声が耳障り」と感じるようになったのである（『日経流通新聞』1995年3月28日）。これに続いて、ガストは1995年6月にアルコールを除く飲み物の提供をドリンクバーに統一し（230円で21種類）、2000年頃までには多くのファミリーレストランがドリンクバーを導入するようになった（『日本経済新聞』2000年4月19日朝刊）。ドリンクバーによって長居が可能になったファミリーレストランは、店員の代わりにセルフサービスのお客がフロアをうろうろする空間になったのである。

　興味深いのは、1990年代に外食産業全体で飲み放題や食べ放題が注目され（激安グルメ探検隊 1994）、極端な時間管理による話題づくりがおこなわれたことである。たとえば、東天紅上野店は昼間1分35円、夜間1分50円で中華料理の食べ放題を提供した。また、ホテル日航大阪の居酒屋はテーブル席で1分30円、スタンディングで1分20円の飲み放題を期間限定で提供した（『読売新聞』1998年9月18日夕刊）。これまでの飲み放題や食べ放題はランチタイム限定や最大120分程度だったが、セルフサービスの導入を進めた1990年代の飲食店は時間の管理もお客に任せるようになったのである。さらに、一般視聴者が大食いを競う『TVチャンピオン』（1992年〜2006年）が人気番組となり、制限時間内にどれだけ多くの量を食べられるのかという「時間との戦い」が食べ放題では重要になってきた。

■■■■ 4. セルフサービスと社会学

　このようにして、2000年代以降の風景にいたる。もちろん現在にいたるまでさらなる変化もあるのだが、かつて店員が歩き回っていた店内は、お客自身も歩き回るようになり、コロナ禍を経てロボットも動き回るようになった。また飲み放題や食べ放題では「注文は1回に5品まで」「飲み物はコップ交換制、食べ物はお皿交換制」「飲み放題の自動延長」といった細かいルールが登場し、お客にはさまざまな自己管理が求められるようになった。私たちは自分が好きなものを食べているつもりだが、実はお店のペースに合わせて食べさせられているかもしれないのである。

　それでは最後に、こうした変遷をどのように考えることができるか。ここでドリンクバーが導入された当時のガストについて、作家の田中康夫が「自分が『モダンタイムス』の歯車のひとつになってしまったような錯覚を抱いてしまう」とぼやいていたことをひとつの手掛かりとしたい（『日経流通新聞』1995年2月16日）。『モダン・タイムス』は1936年にチャップリンが監督した映画で、科学的に管理された大量生産の工場で働く労働者に注目し、人間が機械の一部になっていく様子を風刺した作品である。

　このような科学的管理法の徹底による人間疎外を問題にした議論としては、マクドナルド化論がある。リッツアによると、マクドナルド化とは効率性、計算可能性、予測可能性、そして正確な技術による制御といった特質をもっており、これらの浸透は私たちに利便性をもたらすと同時に人間性の喪失や環境破壊をもたらすという（リッツア 1999）。ウェーバーの合理化論を拡大適用するリッツアのマクドナルド化論には限界も指摘されているが（リッツア・丸山編著 2003）、外食産業のグローバル化を検討するうえでヒントになる部分は多い。

　また、リッツアが問題視したマクドナルド化に対してスローフード運動という考え方もある。これはローマにマクドナルドの第1号店が開店した1986年に北イタリアの小さな村からはじまった運動で、世界規模での食の均質化と合理化に異議を申し立て、「郷土料理の風味と豊かさを再発見し、かつファーストフードの没個性化を無効にしよう」というものである（辻 2001：48）。スローフードは食にローカルな時間と空間を取り戻そうとする運動であり、反グローバ

リズムの抗議運動にまで拡大されている。

　日本社会の現状に照らすと、セルフサービスが拡張された外食産業は格差や貧困問題とも関係している。フリーライターの速水健朗は「日本における食の分断」を問題にして、グローバリズムとジャンク志向（安さや量を重視）が結びついた「フード右翼」、そして地域主義と健康志向が結びついた「フード左翼」の対立を社会階層（中間層と富裕層の差）と関連づけて述べている（速水 2013）。この対立はマクドナルド化 vs. スローフード運動のバリエーションなのだが、速水の議論の面白さは食の好みを通じて私たちの政治意識をあぶりだそうとしている点にある。

　本章は外食産業の歴史を確認したうえで、空間と時間に分けてサービスの変遷を整理してきた。そこで明らかになったのは、セルフサービスという合理化が徹底された外食産業の現状であり、それに飼い慣らされた私たちの食習慣である。これを嘆く人もいれば、逆に快適だと思う人もいるだろう。社会学はそのどちらが「正しい」のかは問わない。個人の自由度が上がったかのように見えて、逆に不自由になっているようにも見える現在の食生活において、空間や時間のあり方を問い直せば人間のあり方も変わることがある。そうした可能性を社会学的な調査を通じて明らかにしてほしい。

（加島　卓）

◆ 取り組んでみよう ◆

（1）「親世代がよく通った飲食店」また「祖父母世代がよく通った飲食店」についてインタビューし、当時の外食にどのようなイメージを持っていたのかを聞いてみよう。また親世代や祖父母世代の「好きな洋食やデザート」を教えてもらい、その理由を聞いてみよう。自分の世代、親の世代、祖父母の世代で比較をすること。

（2）阿古真理『日本外食全史』（亜紀書房、2021年）を読み、ホテルのレストラン、フランス料理店やイタリア料理店、中華料理店やインド料理店、チェーン店やファストフード店、ラーメン屋や定食屋、回転寿司や立ち食い蕎麦などに訪れ、構成要素別（店構え、看板、料理の見せ方、メニューの構成、テーブルや椅子の種類、動線、照明、床の模様、トイレ、レジ回り、客層など）に分解・再構成し、調査結果から何が言えるのかを考えてみよう。

ブックガイド

・・

畑中三応子『ファッションフード、あります。──はやりの食べ物クロニクル1970-2010』（紀伊國屋書店、2013年）：栄養をあてにしていた食がポップカルチャーになるまでの話なのだが、外食産業がブラック企業になるまでの規制緩和の歴史としても楽しめる。大宅壮一文庫や新聞記事検索、雑誌のバックナンバーなどを参照しながら、歴史を書く面白さも知ることができる。極端な事例への言及の仕方も良い。

ジョンストン，ジョゼ・バウマン，シャイヨン（村井重樹ほか訳）『フーディー──グルメフードスケープにおける民主主義と卓越化』（青弓社、2020年）：食の多様性を受け入れる民主主義的な態度が、実は文化的卓越化の新しい戦略になっているかもしれないことをインタビューやメディア言説から明らかにしたアメリカ社会論。「スノッブからオムニボアへ」という文化的オムニボア論を、「グルメからフーディーへ」という食の領域で具体的に検討した社会学。

【参 考 文 献】

BUBBLE-B『全国飲食チェーン本店巡礼──ルーツをめぐる旅』大和書房、2013年。

激安グルメ探検隊編『食べ放題飲み放題の店』フットワーク出版、1994年。

畑中三応子『ファッションフード、あります。──はやりの食べ物クロニクル1970-2010』
　　紀伊國屋書店、2013年。

速水健朗『フード左翼とフード右翼──食で分断される日本人』朝日新聞出版（朝日新書）、
　　2013年。

今柊二『ファミリーレストラン──「外食」の近現代史』光文社（光文社新書）、2013年。

国友隆一『よくわかる外食産業（最新版）』日本実業出版社、1994年。

茂木信太郎『現代の外食産業』日本経済新聞社（日経文庫）、1997年。

中村靖彦『コンビニ ファミレス 回転寿司』文藝春秋（文春新書）、1998年

リッツア，ジョージ（正岡寛司監訳）『マクドナルド化する社会』早稲田大学出版部、1999年。

リッツア，ジョージ・丸山哲央編著『マクドナルド化と日本』ミネルヴァ書房、2003年。

辻信一『スロー・イズ・ビューティフル──遅さとしての文化』平凡社、2001年。

索　引

＊あ　行

アーカイブ　53
アーキテクチャ　46
アーティスト　112, 117〜120
IT 企業　95
アイドル　25, 28, 30, 99, 112, 117, 119, 120, 126
iPod　111
藍屋　171
あさくま　175
Apple Music　111
アナログレコード　112, 113
アニメ　126, 135, 136
アプリ　13, 22, 41, 42, 46, 122, 129, 130, 155
Abema　98
Amazon　138
Amazon Prime Video　24, 98
Amazon Music　111
アメリカナイゼーション　171
アンケート　136
e スポーツ　131
伊勢丹美術館　84
Instagram　19, 21, 24, 30, 34, 82, 88
インターネット（ネット）　24〜31, 87, 88, 90, 93, 94, 98, 99, 104, 105, 113, 116, 118, 119, 126, 128, 133, 134, 138, 140〜142, 144
インターネットミーム　25
インティメイト・ストレンジャー　16, 18
インフルエンサー　30
Windows95　128
ウーバーイーツ　169
上野の森美術館　82
Web サイト　98
ウェブ日記　40, 42
ウォークマン　113
歌い手　113
エアチェック　113
AR（拡張現実）　131
AI　131
映画　24, 174
AKB 商法　119
映像　31, 92

＊か　行

SNS　12, 21, 25, 30, 31, 34, 35, 40, 43, 44, 82, 83, 88, 90, 118〜120, 123, 128, 130, 141
SNS 疲れ　129
ST スポット横浜　85
越後妻有トリエンナーレ　81, 86, 87
NFT　89
NPO　85, 87
演出　28, 29, 96
炎上　25
往来堂書店　152
岡山芸術交流　89
推し　99, 120
小田急美術館　84
オタク　30
オフ会　29
オリコンシングルランキング　112
オリンピック　91, 92, 96, 98
お笑い　26
音楽　98, 111〜113, 117〜120
音楽番組　116
オンライン　122, 130
オンライン飲み会　169
オンラインライブ　113, 120

＊か　行

ガーリーフォト　49
ガスト　171, 172, 174〜176
カセットテープ　113
画像　99
カラオケ　112, 116
企業メセナ　85
北川フラム　86
キャラクター（キャラ）　97, 126, 130
クィア・ムーブメント　74
グッズ　112, 120
グローバル化　91〜95, 97, 176
芸術祭　88
携帯電話　116, 128
芸人　28, 97
芸能人　28〜30, 92, 96, 126
ケーブルテレビ　95, 117
ゲーム　122〜131

ゲーム依存症　129
ゲーム音楽　120
ゲーム実況　30, 131
ゲームセンター　123, 124, 126, 129
ゲームボーイ　125
ゲーム有害論　123, 126, 129
検索エンジン　35, 39, 43, 44
ケンタッキーフライドチキン　170
現場　98, 119, 120
郊外型書店　146, 151
公立美術館　83
国際芸術祭　81, 82, 86〜89
国際展　87
古参　119
個性派書店　151
こへび隊　87
コミックス　133, 136〜139
コミュニケーション　26, 29, 116, 120, 130, 131
コミュニケーションツール　31
コミュニティ　152
コラボカフェ　130
コロナ禍　74, 99, 120, 129
婚姻の平等　72
コンテンツ　30, 31, 83, 87, 116, 120
コンパクトカメラ　50
コンピュータ　123, 124, 128, 130

＊さ　行

サードプレイス　152, 153
再販　145
サッカー　91〜94, 96, 98
雑誌　36〜38, 40, 43, 44, 93, 134〜136, 145, 146
サバーバニズム　171
サブカルチャー　149
サブスクリプション（サブスク）　34, 112
SUMMER SONIC　105
サントリー　84
CS放送　94, 95, 117
CSR　84
CMソング　116
CD　111〜114, 116, 117, 119, 120, 123
シェア　82, 89, 90
J-POP　115
Jポップ産業複合体　116
Jリーグ　93〜95

ジェンダー　139
視聴者　28, 30, 31
視聴率　95, 116
指定管理者制度　85
渋谷　18, 155, 159〜162
渋谷系　118, 119
社会運動　72, 73
社会学　90
社会集団　139, 140
写真撮影　82
『週刊少年ジャンプ』　135, 139
趣味　80
少女マンガ　135
承認　119
承認欲求　130
女子高生　126, 128
ショッピングモール　155, 156, 158, 159, 164〜166
書店　144〜155
ジョナサン　171
ショッピングモール　17
ZINE　37, 45
新型コロナウイルス　12, 155
身体　119, 120
スーパーファミコン　125
すかいらーく　170〜172, 174
スターバックスコーヒー　151
スタンダードブックストア　152
ストリーミング　111, 112
STRAYM　89
スペクタクル　54, 55
スポーツ　91〜93, 96〜99
スポーツ観戦　91, 92, 98, 99
Spotify　111
スマートフォン（スマホ）　13, 14, 19〜22, 25, 26, 31, 46〜49, 52, 88, 89, 98, 122, 128〜130, 134, 144
スローフード運動　176, 177
聖地巡礼　130
性別役割規範　77
性別役割分業規範　78
声優　117
セガサターン　125
セゾン　161, 162
セゾン美術館（西武美術館）　83, 84

Z世代　34, 35
瀬戸内国際芸術祭　81, 87
セブン－イレブン　146, 172
セルフサービス　170, 174〜177
セレクトショップ　152
『創造都市（The Creative City）』　86
ソーシャルメディア　12, 13, 19, 21, 22, 39, 42,
　45, 134
そごう美術館　84
SOGI　77, 78

＊た　　行

タイアップ　116
DAZN　98
タブレット　144
たまごっち　35, 126〜128
団塊ジュニア　116
地域密着　94, 95
ツイート　112, 118
Twitter　19, 24, 30, 98, 134, 138
ツーリズム　87, 88
使い捨てカメラ　35, 50
TSUTAYA　151
ツッコミ　26〜28, 30, 97
つながり　12, 13, 16, 21, 46
DCブランド　160, 161, 163, 164
TVer　25
DVD　112
Tポイント　151
TikTok　19, 21, 24, 30, 34
テキストサイト　40, 41, 43, 162
デジタル　98, 99, 119, 123, 124, 126, 128, 129
デジタル化　113
デジタルカメラ　88
デジタル環境　119
デジタルメディア　128
デニーズ　175
出前館　169
デリバリー・サービス　169
テレビ　24〜31, 91, 93, 96, 98, 116, 124, 126, 135
テレビドラマ　115
テレビ離れ　24, 25
テレビ番組　25, 27, 28, 31, 92, 117
テレホーダイ　38
テレホンカード　14, 18, 19

テロップ　27, 28, 30
電子掲示板（BBS）　38, 40, 42
電子コミック　133 ,134
電子書籍　133, 144
電子媒体　133, 135, 137, 140
動画　24, 29〜31, 111, 113
動画共有サイト　24, 43
投稿文化　44, 39
同性婚　71, 72
東武美術館　84
ドキュメントバラエティ　28, 32
読者　135, 140
特定非営利活動促進法　85
独立行政法人法　85
トランスフォビア　71
取次　145, 146
ドリンクバー　175, 176

＊な　　行

投げ銭　113
夏フェス　102〜106, 108〜110
NAMIMONOGATARI　102
二元的性別観　77, 78
ニコニコ動画　24, 28, 30, 113, 131
二次元キャラ　30
二次創作　39, 43, 113, 130, 142
24時間営業　146
2ちゃんねる　27, 30
Nintendo Switch　129
NINTENDO64　125
ネタバレ　35
ネットカフェ　144
Netflix　24
ネットワーク　123, 128

＊は　　行

バーチャル　128, 129
バーチャル・リアリティ　123
バーミヤン　171
配信　30, 133
配信コンテンツ　80
倍速視聴　35
俳優　25
博物館　85
パクリ　118

パソコン　126
パソコン通信　36
ハッシュタグ　98, 118
パブリックアート　86
パブリックビューイング　99
バブル　155, 162, 164, 172
バラエティ　27, 96, 97
Paravi　25
パ・リーグ TV　98
パルコ　155, 159〜161, 163
反グローバリズム　176
阪神淡路大震災　85
バンド　120
PHS　128
ビジュアル系　117
美術館　80, 85〜89
美術鑑賞　80
ビッグデータ　151
びっくりドンキー　172
ビデオ　24
百貨店　85, 155〜157, 159〜161, 163〜166
百貨店美術館　84
ビルボードジャパン　112
貧困　177
ファーレ立川　86
ファストファッション　162
ファストフード　147
ファスト風土　158
ファッションビル　156, 158〜162, 164〜167
ファミリーコンピュータ（ファミコン）　124, 125
ファン　99, 112, 118〜120, 138
VTuber　30
フェス　119
フォルクス　175
FUJI ROCK FESTIVAL（フジロック）　102〜105, 107〜110, 117
プラットフォーム　19, 39, 43〜45, 88
ブランディング　90
ブランド　80, 82
ブリヂストン　84
プリント倶楽部（プリクラ）　20, 35, 126〜129
プレイステーション　125
ブログ　31, 40〜43, 120, 128
ブロックチェーン　89

プロ野球　95
文化　97, 120
平成不況　116
平成レトロ　35
ボーカロイド　30, 113
ボカロ系　113, 120
ボカロ P　113
ポケットモンスター（ポケモン）　126, 128
ポケベル　13, 17〜20, 23
POP　149
ホモフォビア　71
ボランティア　85, 87

＊ま　行

マクドナルド　170, 176, 177
マスメディア　94, 116
丸井（マルイ）　155, 159〜164
丸善ジュンク堂　144
マルチメディア　128
マンガ　124, 133〜143
マンガ喫茶　144
マンガ雑誌　134〜136
ミスタードーナツ　170
見逃し配信（サービス）　25, 98
ミュージックビデオ　111〜113
無観客試合　99
メジャーリーグ　92〜95
メセナ（活動）　83, 84
メタバース　131
メディア　29, 91, 98, 123, 126, 141
メディアリテラシー　123
メルカリ　155
物語化　91, 92, 96, 97
森美術館　82, 90

＊や・ら・わ行

野球　91〜94, 99, 100
ユーザー　83
ユーチューバー　30, 131
YouTube　24, 30, 111, 112
ユニクロ　162
横浜トリエンナーレ　81, 87
RISING SUN FESTIVAL　105
ライブ　112, 119, 120
ライブ配信　98

LINE　19
ラジオ　112, 113
ラジカセ　113
リテラシー　26
リブ　30
流行　31
ロイヤルホスト　170, 171

ローカル化　91, 92, 94, 95, 97, 98
ROCK IN JAPAN FESTIVAL（ロッキン）
　102, 105〜107
ロック　112
ワールドカップ　91〜93, 99, 174
ワイプ　27

執筆者紹介

【編　　者】

高野　光平（第2・8・10・11章）

1972年生まれ　茨城大学人文社会科学部教授

主著：『昭和ノスタルジー解体──「懐かしさ」はどう作られたのか』（晶文社、2018年）、『発掘！歴史に埋もれたテレビCM──見たことのない昭和30年代』（光文社、2019年）、『失われゆく仕事の図鑑』（共著、グラフィック社、2020年）

加島　　卓（第13・15章）

1975年生まれ　筑波大学人文社会系教授

主著：『〈広告制作者〉の歴史社会学──近代日本における個人と組織をめぐる揺らぎ』（せりか書房、2014年）、『オリンピック・デザイン・マーケティング──エンブレム問題からオープンデザインへ』（河出書房新社、2017年）、『デジタルメディアの社会学──問題を発見し、可能性を探る［第3版］』（共著、北樹出版、2017年）

飯田　　豊（第1・3・14章）

1979年生まれ　立命館大学産業社会学部教授

主著：『テレビが見世物だったころ──初期テレビジョンの考古学』（青弓社、2016年）、『メディア論の地層──1970大阪万博から2020東京五輪まで』（勁草書房、2020年）、『新版　メディア論』（共著、放送大学教育振興会、2022年）

【執　筆　者】（執筆順）

林田　　新（第4章）

1980年生まれ　京都芸術大学アートプロデュース学科准教授

主著：「星座と星雲──「名取＝東松論争」に見る「報道写真」の諸相」（『映像学』第84号、2010年）、「写真の「危機」──伊奈信男と「エロ・グロ・ナンセンス」」（『美学』第238号、2011年）

田中　里尚（第5章）

1974年生まれ　文化学園大学服装学部教授

主著：『リクルートスーツの社会史』（青土社、2019年）、『クリティカル・ワード　ファッションスタディーズ──私と社会と衣服の関係』（共著、フィルムアート社、2022年）、『ファッションで社会学する』（共著、有斐閣、2017年）

宮田　りりぃ（第6章）

1981年生まれ　関西大学人権問題研究室非常勤研究員
主著：「性別越境を伴う生活史におけるジェンダー／セクシュアリティに関する意識」『教育社会学研究』（東洋館出版社、2017年、pp.305-324）

守　　如子（第6章）

1972年生まれ　関西大学社会学部教授
主著：『女はポルノを読む──女性の性欲とフェミニズム』（青弓社ライブラリー、2010年）、『教養のためのセクシュアリティ・スタディーズ』（共著、法律文化社、2018年）、『BLの教科書』（共著、有斐閣、2020年）

光岡　寿郎（第7章）

1978年生まれ　東京経済大学コミュニケーション学部教授
主著：『スクリーン・スタディーズ──デジタル時代の映像／メディア経験』（共編著、東京大学出版会、2019年）、『変貌するミュージアムコミュニケーション──来館者と展示空間をめぐるメディア論的想像力』（せりか書房、2017年）

永田　夏来（第9章）

1973年生まれ　兵庫教育大学院学校教育研究科准教授
主著：『音楽が聴けなくなる日』（共著、集英社新書、2020年）、『場所から問う若者文化──ポストアーバン化時代の若者論』（共著、晃洋書房、2021年）

池上　　賢（第12章）

1978年生まれ　拓殖大学政経学部法律政治学科准教授
主著：『"彼ら"がマンガを語るとき、──メディア経験とアイデンティティの社会学』（ハーベスト社、2019年）、『アニメの社会学──アニメファンとアニメ制作者たちの文化産業論』（共著、ナカニシヤ出版、2020年）

［新版］現代文化への社会学──90年代と「いま」を比較する

2018年11月30日	初版第 1 刷発行
2022年 2 月28日	初版第 4 刷発行
2023年11月30日	新版第 1 刷発行
2024年 4 月20日	新版第 2 刷発行

編著者　高野　光平
　　　　加島　　卓
　　　　飯田　　豊

発行者　木村　慎也

カバーデザイン／北樹出版装幀室　　印刷　新灯印刷／製本　和光堂

発行所　株式会社　北 樹 出 版

〒153-0061　東京都目黒区中目黒1-2-6
URL : http://www.hokuju.jp
電話(03)3715-1525(代表)　FAX(03)5720-1488